教職課程シリーズ6

教育方法論 改訂版
Curriculum Method of Teaching

谷田貝公昭・林邦雄・成田國英［編］
Masaaki Yatagai, Kunio Hayashi, Kunihide Narita

一藝社

改訂版 はしがき

　本書は、教職課程シリーズの1冊として平成16年の秋に出版し、主として保育者・教師養成校でテキストとして使用され、好評を博してきた。しかしながら、出版後新しい教育基本法が制定され、他の教育関係法規も次々と改正された。たとえば、学校教育法、学校教育法施行令、学校教育法施行規則、学校給食法、学校保健安全法等々である。学習指導要領の改訂もあった。

　先生方には講義のなかで「教育小六法」なりプリント等の利用をお願いしてきたが、現行の法規に合致したテキストにして欲しい旨の声が多く、それに応えるべくここに改定し出版の運びとなった。なかでも、第4章「教育課程」については法規上の変更が多く、担当の村越晃先生に補筆訂正をお願いした。その労苦に対し記してお礼を申し上げたい。

　現代は大衆社会になった。そうしたなかで人々の価値観の多様化が進み、そこには混乱や相克が惹起された。今日の科学技術の進歩は、目をみはるものがある。それが原動力となって、社会も加速度的に変動し続けている。こうした、情報化社会や高度産業化社会のなかにあって、人間は内面的においてはかえって緊張と不安と人間疎外感に悩まされて、いわゆるテクノ・ストレスに陥ることになる。こうした現代社会における今日の教育を規定する諸条件のなかで、これからの教育はどうあるべきなのか。社会の急激な変化は、われわれに新しい生き方を要求する。それは、新しい学習によって達成される。こうした社会の変化に遅れることなく、よりよく学習し生きるためには、絶えず学び続ける必要がある。本書が少しでもその役に立てば、執筆者一同望外の喜びとするところである。

　改訂にあたって全体的には、私が目を通し、加筆訂正したが、諸資料の検索・照合等で、編集部の松澤隆さんの労を煩わせた。ここに感謝申し上げたい。

　　平成27年2月

　　　　　　　　　　　　　　　　　　　　　　　　　　谷田貝公昭

はしがき

　本書『教育方法論』は、大学や短期大学などで学んでいる学生で、将来、教育職員になることを目指している人たちのために書かれたものである。
　周知のように教育職員になるためには、教育職員免許法の定める科目を履修することが義務付けられており、それらの科目の一つに「教育の方法及び技術」がある。
　本書は、「教育の方法及び技術」を初めて学ぶ人のために、そのテキストとして書かれたものであり、いわば教育方法研究の入門書であり、概説書である。本書で取り上げたテーマは、「教育方法及び技術」の本質的な課題であり、執筆者一同、そのテーマにそってできる限り平易な言葉で表現するように努めたつもりである。

＊

　「教育の方法及び技術」を学ぶことは、これから幼稚園、小・中学校、あるいは高等学校などの教員を目指す人にとって不可欠である。また何らかのかたちで子どもの教育に携わる人々にとっても、大切な基礎的教養となるものである。このように本書は、教職課程を履修している学生はもとより、保育・教育の現場で活躍されている保育者や教員の皆さんに対しても、最新の資料をもとに多様な情報を提供することにより、日々の実践や学習指導をより実りあるものとするため、少しでもそのお役に立てればと念願し、企画・編集したものである。その意味で、子どもの教育の仕事にかかわっている方々はもとより、保護者の方々にも広く読んでいただきたいと願っている。

＊

　これからの教育では、子どもたちに「生きる力」をはぐくむことが課題である。「生きる力」とは、単に過去の知識を記憶していることではない。初めて遭遇するような場面でも、自分で課題を見つけ、自ら考え、自ら問題を解決していく資質や能力である。
　また、あふれる情報の中から自分に必要な情報を選択し、主体的に自らの考えを築き上げていく力は、「生きる力」の重要な要素でもある。子ど

も一人一人に「生きる力」をはぐくむためには、個性を生かした教育を行うことが大切であり、そのためには、各学校とも教育課程の弾力化を図るとともに指導方法の改善に努める必要がある。一方、教員に対しては、教科指導や生徒指導、学級経営などの面で指導力を身に付けることが求められる。

　このように、教育内容の厳選により生じる「ゆとり」の中で子どもたちに「生きる力」をはぐくむためには、何よりも学習のあり方を見直し、環境を整えることが必要である。このような問題は、本書で取り上げている教育方法の歴史的概観、教育方法の基本原理、授業と学力、教育課程、授業の設計、教育機器、教材・教具などと深くかかわるものである。

＊

　本書は、このような考え方に立って編集したものである。各執筆者は、現在、大学・短期大学において授業を担当しており、その第一線で活躍している方々である。本書執筆に際しては、編者が全12章の目次案を作成した上で最小限の執筆項目を提示し、執筆いただいた。その関係もあって、執筆しにくかったことであろうし、また＜コンパクト＞という本書の制約もあり、不十分な叙述に終わらざるを得ない面もあったと思われる。そのような制約の中で、快く執筆を引き受けてくださった方々に心から謝意を表する次第である。

　最後に、本書の出版を快諾され、面倒な編集等を快く引き受けていただいた一藝社の菊池公男社長に心から感謝申し上げる次第である。

　平成16年9月

成田　國英

教育方法論・もくじ

改訂版 はしがき　1
はしがき　3

第1章　教育方法の歴史的概観 …………………………………9
1　19世紀までの教育方法　9
　教育方法の源流——古代ギリシアの教育／近代の教育学・教授学の成立——コメニウス／合自然の教育学——ルソーとペスタロッチ／国民国家の教育学——ヘルバルトとヘルバルト主義
2　現代における教育方法　13
　新教育運動と児童中心主義——デューイ／社会的効率主義——ボビット／単元学習——キルパトリックとパーカースト／行動科学と行動主義——タイラー／認知発達の心理学と教育学——ブルーナー

第2章　教育方法の基本原理 …………………………………19
1　教育方法の基本原理　19
　系統学習と問題解決学習／日本における展開
2　心の教育と教育方法　24
　学級崩壊／キレる・ムカつく・カッとなる／規範意識の低下／いじめ／学力低下

第3章　授業と学力 …………………………………………29
1　授業とは何か　29
　授業の構造／教室環境の好適性／メディア利用のアメニティー／参画によるアメニティー／授業を楽しむ教師
2　学力とは何か　35
　教育における略熟語を斬る／学力観の諸相／学力劣化と低下問題／善玉の学力の評価

第4章　教育課程……………………………………………………………39
1　教育課程　39
教育課程とは／現行の教育課程／教育課程の編成／教育課程の展開と評価
2　学習指導要領　45
学習指導要領が定められる背景／学習指導要領の変遷

第5章　授業理論と授業の設計……………………………………………49
1　授業理論　49
直接的な教育手段と間接的な教育手段／直接的な教育手段を重視する授業の類型／間接的な教育手段を重視する授業の類型
2　授業の設計と方法　54
授業の設計／授業の設計の方法

第6章　視聴覚メディアとコンピュータの活用…………………………59
1　授業とメディア　59
視聴覚教育の発達／教育の多様化／五感による情報の分類と視聴覚メディア／視聴覚メディアと教育活用のフェーズ
2　視聴覚メディアの分類と教育活用の方法　62
「視覚情報」主体の画面提示型視聴覚メディア／「聴覚情報」主体の音声・音提示型視聴覚メディア
3　コンピュータの活用とマルチメディアおよび教育活用の方法　65
視聴覚情報を統合した視聴覚メディア／デジタル情報（コンピュータ）とマルチメディア／コンピュータを活用した教育の方法／コンピュータの教育活用の発展／テレビ会議システムを活用した交流学習

第7章　放送教育の授業への適用…………………………………………69
1　放送教育の役割　69
放送教育の歩み／放送教育の役割／放送教材の特性と効果／テレビ番組の利用形態

2　放送教育の展開　　73
　　　　新教育課程／生きる力と放送教育／放送教育の新展開

第8章　教材教具……………………………………………………79
　　1　教材・教具　　79
　　　　教材とは／教具とは
　　2　教科書とは何か　　81
　　　　教科書の定義／教科書の歴史／法制に関して
　　3　教科書の役割と扱い　　84
　　　　教育内容の保障／真実の情報を示す／系統的な学習／教科書「を」教える／教科書「で」教える
　　4　教材研究と教師の力　　87
　　　　教材研究とは／教師の力

第9章　生徒指導と教科指導………………………………………89
　　1　生徒指導の原理　　89
　　　　生徒指導の本質／生徒指導の位置づけ
　　2　生徒指導の内容　　92
　　　　各教科の指導と生徒指導／道徳の時間を通じての生徒指導／特別活動を通じての生徒指導／教育課程外の場での生徒指導／問題行動の生徒指導
　　3　生徒指導と教科指導の関係　　94
　　　　生徒指導と教科指導／学校生活と生徒指導／生活における自己教育

第10章　教育方法と学校・学級経営………………………………99
　　1　教育方法と学校の経営　　99
　　　　教育課程改善のねらい／「生きる力」の育成と教育内容の厳選／学校経営と教育方法／指導体制の工夫／学校図書館の活用／体験的活動・問題解決学習の重視

2　教育方法と学級の経営　　103
　　　　学校経営・学級経営の一貫性／人的条件・物的条件の整備／
　　　　学習指導の形態／学級担任による生徒指導の推進／開かれた
　　　　学級経営

第11章　教育方法と施設・設備……………………………………109
　　1　教育方法の多様化と学校施設・設備　　109
　　　　学校施設・設備／教育方法の多様化と施設・設備
　　2　学ぶ場としての施設・設備　　111
　　　　学級教室／特別教室／共通施設・設備／体育施設
　　3　生活の場としての施設・設備　　116
　　　　生活の場としての環境づくり／生活の場としての学級教室／
　　　　生活空間としてのホームベース／交流の場としてのコミュニケーション
　　　　空間／クラブ活動の施設・設備

第12章　教育とヴィジュアル・コミュニケーション……………119
　　1　教育課題としてのメディア・リテラシー　　120
　　　　メディア・リテラシーとは何か／メディア・リテラシーを育成
　　　　する方法論／メディア・リテラシーの問題点
　　2　文化の伝達可能性　　124
　　　　ヴィジュアル・カルチャー／ヴィジュアル・リテラシー

　執筆者紹介　　129

第1章　教育方法の歴史的概観

　教育方法とは、何であろうか？　教育方法学とは、教育実践の様式と技術を探求する学問である。つまり、「教育をどのように行うのか」、「教育のためにどのような教材や教具を活用するのか」、「教育をどのように評価するのか」などの多様な課題に対応するのが教育方法である。特に、「教育をどのように行うか」という課題は、カリキュラム論、あるいは授業研究といった新しい研究分野を開いた。他の課題においても、同じく新しい研究分野が拡大している。例えば、教室研究、コンピュータやメディア教育などである。教育方法は、年月を経るほどに対象とする研究分野が拡大していることが特徴であろう。

1　19世紀までの教育方法

(1) 教育方法の源流——古代ギリシアの教育

　教育方法の源流は何であったのだろうか？　教育の営みは人間の歴史とともにはじまるが、本章では、教育が学問として対象化された古代ギリシア以降の教育方法の歴史的展開を概観する。古代ギリシアは、アテネなどの都市国家によって統治され、民主制をとっていた。民主制は、市民が政治に参加するための教育を要求した。古代ギリシアの市民は、実用的な専門性の高い知識より、教養に価値をおいた。アカデメイア（紀元前385年頃創立）と呼ばれる学校の役割を果たす場が設けられ、その教育内容は、武術や舞踏が行われた。リベラルアーツ（自由七科）の起源となった。教育活動はソフィストと呼ばれる人たちによって行われた。彼らは教師であり、学者でもあった。そして、最初に教育方法を模索した人たちであった。

その代表がソクラテス（Sokrates, B.C.470頃-399）である。古代ギリシアの教育に最も影響をおよぼした学者であるソクラテスは、対話をもちいた「産婆術」により教育を行った。文字を死んだ言葉として嫌った彼は、一冊の著書も書き残さず、代わりに生きた言葉を交わすことを通じて青年に自己の魂をよくすることへの自覚を促す努力をした。その姿は、弟子のプラトンの『対話編』の中で描写されている。ソクラテスは、対話を通して「無知の知」を自覚することによって、人々を「ドクサ（教条）」から解放し、真理に接近させ、「フィロソフィー（智を愛すること）」を探求させようとした。これが今日の哲学の語源となり、この過程が教育であり、その方法である問答が「産婆術」であった。論理的な対話をとおして真理に迫る方法としての弁証法の起源ともなった。

中世になると、教育内容であるリベラルアーツは、文法、修辞学、弁論術、算数、地理学、天文、音楽に展開した。

（2） 近代の教育学・教授学の成立──コメニウス

近代の教育学の父と称されるヤン・アモス・コメニウス（Comenius, J. A., 1592-1670）は、フス派の宗教改革運動の流れをくむボヘミア兄弟団の指導者でもあった。彼の思想は、宗教改革と一体となった民族解放運動に結びつき、ヨーロッパ世界の平和のための世界政府建設を目指そうとした。このために、全ての国の人が同一の言語によって、階級差別のない単級型学校制度において教育されるべきであると主張した。学問のあらゆる分野を統合した万人に共通の普遍的知識の体系（パンソフィア）を学ぶ必要を説き、人間が自然に合致する合理的教育方法を追求した。つまり、図を用いた教科書により、言語と事物を視覚をとおして教育する重要性を主張した。このことを、ラテン語教育の教科書として著した『開かれた言語の扉』（1631）で論じている。世界で最初の挿絵入り教科書『世界図絵』（1658）も著した。151の言葉を挿絵で表現し、ポーランド語とラテン語で著した。挿絵によって視覚的なものを、文字によって言語的なものを表し、二つの統一を求めた。コメニウスにより、教育方法・教育内容の中において、いかに教科書などの教材が重要であるかということが認められた。

（3） 合自然の教育学──ルソーとペスタロッチ

　コメニウス以降、教育方法に影響を与える教育学者が輩出されるようになる。フランスの啓蒙期の思想家であるルソー（Rousseau, Jean-Jacques, 1712-1778）は、『エミール』（1762）において、近代教育史上に影響をおよぼした独特の教育理論を展開した。ルソーの教育方法は消極教育と称された。ルソーは、人間の自然的本性を善とみなし、既成の社会制度によってそれが悪へと変質させられることを防ぐべきであると主張した。この教育方法を、従来の積極的に外在的価値を注入する一般の教育と対比させて、消極教育と呼んだ。消極教育は、子どもの自然的本性の科学的解明と、子どもの自由や自発性の尊重の原理である。

　ルソーの影響を受け、社会改革と民衆の人間的救済を決意した教育家がペスタロッチ（Pestalozzi, Johanneinrich, 1746-1827）である。1774年にブルック近郊のノイホーフで重農主義的立場から農場を経営し、貧民学校を建てたが、いずれも失敗した。1798年、フランス革命政府の依頼により、シュタンツの孤児貧児収容施設で、民衆救済のための教育方法を実践した。ここでの教育実践報告書『シュタンツ便り』（1799）を発表し、ブルクドルフでも同じ教育実践を試みた。この成果が『ゲルトルート児童教育法』（1801）である。

　ペスタロッチの教育理論・教育方法とは何か。ペスタロッチの教育理論は、調和的に発達した人間、つまり、頭と心と手（3H's=head, heart, hand）とが調和を保っている人間の形成にある。頭の形成においては、形の数と語とが基本的要素をなすと考え、その統合体としての思考能力を錬磨する術を探求した。心の形成については、親心・子心を軸として、愛と信仰による道徳的法則に至る道を示した。手の形成にあっては労働により、子どもは生活の質を確保する技術を習得するだけでなく、読・書・算の基礎学力も他者への思いやり・協力心も育つと考えた。「生活が陶冶（教育）する」という彼の言葉が示すように、教育の場は、生活である。また、教育方法は直感の原理（実物教授）と称され、直感・自発活動・作業と学習の統合を目指した。実践に支えられたペスタロッチの教育理論は、ヘルバルト、フレーベルなどの後世の教育学者へ影響をおよぼした。

（4） 国民国家の教育学――ヘルバルトとヘルバルト主義

　19世紀になると産業革命により、工場での子どもたちに対する重労働や、子どもの犯罪が社会問題となった。工場法による児童労働を解決し、国民教育制度を行うために学校は一斉授業が急速に普及した。一斉授業の起源は、イギリス人のベルとランカスターが考案した「モニトリアル・システム」といわれている。一斉授業を普及させたのが、ヨハン・フリードリッヒ・ヘルバルト（Herbart, Johann Friedrich, 1776-1841）とヘルバルト主義の教育学者であった。

　ヘルバルトは、1799年にブルクドルフでペスタロッチの教育実践を参観している。1802年『ペスタロッチの近著・ゲルトルート児童教育法について』、『ペスタロッチの直観のABC』を著し、ペスタロッチの教育実践の価値（貧民の救済など）を高く評価した。しかし、ヘルバルトは、心理学理論の立場から、ペスタロッチの直観の原理を、子どもの多方的興味を育成しながら教育的教授を行うべきであると批評した。ヘルバルトが説いた教育（教授）の過程は、「明瞭」→「連合」→「系統」→「方法」の四段階に整理され、興味を基礎とする学習の心理的段階（形式的段階）が示された。この段階説は、後に通俗化したかたちで普及し、ドイツのみならず世界各国の初等教育界を支配することになった。これが、「ヘルバルトの段階的教授」と「方法的単元」の起源である。

　また、ヘルバルトは、功利性よりも道徳性の育成を重要視した。一斉授業を効果的に実現するためには生徒の「管理」を教育に組み込むべきであると考えた。「管理」とは、生徒の欲望を統制し、教室に秩序をもたらすことである。「管理」は、「品行の陶冶」という道徳的教育の目的となった。ヘルバルトの教育学は、国民教育の構築と学校教育の制度化が一体化したため広く普及していった。ヘルバルトの教育学は、世界各国に浸透するが、そのことに最も尽力したのは、ヘルバルト主義の教育学者である。最も著名なヘルバルト主義者は、チラー（Ziller, Tuiskon, 1817-1882）とライン（Rein, Wilhelm, 1847-1929）である。チラーは、教員養成所や実習学校にヘルバルト主義を導入した。教育方法を、ヘルバルトの「興味」の四段階の「形式的段階」をより理解しやすいかたちにした。ヘルバルトの第一段階の「明瞭」を「分析」と「統合」に区分し、「分析・統合・連合・系統・

方法」の五段階を示した。さらに、「形式段階」に即した教材の単位である「方法的単元」を開発し、カリキュラム構成法として「中心統合法」を考案した。「中心統合法」とは、「文学」と「歴史」を中心教科と認定し、それを民族の文化の発展段階（文化史段階）と適応させながら、他の教科の内容をこの二つの教科を中心に統合するカリキュラム構成法であった。

一方、ラインは、ヘルバルトとチラーが子どもの興味の心理的プロセスに着目していたことに対して、教師の教授活動の手続きを中心に「形式的段階」を再構成した。チラーの「分析・統合・連合・系統・方法」を、ラインは「予備・提示・比較・総括・応用」という教授のプロセスにそって五段階に変更した。「予備」とは、授業の最初に教育内容を予告すること、「提示」は、予定した教育内容の説明と伝達を行うこと、「比較」は、それまでに教えた内容と比較すること、「総括」はその時間に教えた内容のまとめを行うこと、「応用」は教えた内容を応用して定着させようとすることであった。ラインの五段階教授の影響は大きかった。日本における戦前の授業の指導案の多くは、この五段階で記述されている。今日の授業指導案に用いられている「導入・展開・まとめ」が行われるまで、五段階教授は多少の応用をされながら用いられていた。

2 現代における教育方法

20世紀以降の現代における教育方法は、教育学だけでなく、心理学、社会学からのアプローチや分析による影響を受けるようになる。これらの動きにより、「授業研究（reserch on teaching）」という研究領域が教育方法の中にもたらされた。「授業研究」は、学習心理学や授業中のコミュニケーション分析、教育評価の数量的研究などに発展した。また、ヘルバルト主義によって普及した一斉授業や教師中心の教育から、子ども中心主義を主張する新教育運動も展開された。新教育運動は、カリキュラムと単元学習を生み出していく。新教育運動は、デューイらの児童中心主義、ボビットのカリキュラム論を代表とする社会的効率主義、また、社会改造主義、社会生活適応主義と新たな方向を教育方法にもたらした。本節では、20世紀以降の代表的な教育方法を概観する。

(1) 新教育運動と児童中心主義——デューイ

　20世紀、公教育制度と学校教育がもっていた画一性と硬直性は、批判され、新教育運動と呼ばれる世界的な学校改革運動が展開した。産業化と都市化による個人主義の振興、労働者や市民を主体とする民主主義の発展、そして、学問・文化・芸術の革新運動の展開などが新教育運動を支えていた。新教育運動は、教育方法の革新を起こした。同一の教科内容を一斉授業の形式で教師が一方的に伝達する授業にかわって、子どもの興味や関心を出発点とする活動的な学習が支持された。個別化された教育内容と学習方法、観察や実験や調査などの直接経験を含む学習、教師と子どもの自由で創造的な教育実践が試みられた。

　新教育運動において、最も初期の実験でありながら今日まで重要な意義をもっているのは、ジョン・デューイ（Dewey, J., 1859-1952）がシカゴ大学内に設けた実験学校（laboratory school）での実践である。デューイの主著『学校と社会』(1899) は、実験学校の報告書である。実験学校はデューイ・スクールともいわれた。デューイは、学校教育の中心を子どもに移す「コペルニクス的転回」を呼びかけた。子どもの「本能や衝動や興味」と結びついた社会的協同的な生産的活動（木工・金工・編み物・裁縫・料理など）を取り入れ、それへの参加を通じて「社会的協力」の精神を学ばせると同時に、その「仕事（occupation）」の産業史的・文明史的発展過程や科学的意義を学ばせようとした。例えば、「織物」の単元では、布を織る作業をとおして衣類の歴史や文化が学ばれる様子が『学校と社会』に記述されている。教室には、教卓や固定した机にかわって、作業台や共同学習のテーブルが置かれた。観察や実験やフィールドワークを基礎とする探求的な学習が推進された。その意味で、デューイの実験学校の目的は、子どもの心理的発達と論理的発達、および社会的発達を教育のプロセスにおいて統合することであった。実験学校のカリキュラムは、直接経験に潜む可能性を追求することとした。

　デューイの実験学校は、短期間で終了してしまうが、教材と学習経験のダイナミックな再組織を達成し、学習の経験と学問の経験と社会的な経験との連続性を追究した意義は大きい。この試みは、以後の急進的な児童中心主義の学校に継承され、多様な実践の中で具体化された。

(2) 社会的効率主義——ボビット

学校改革運動に影響をおよぼしたのは、デューイより、彼と同じシカゴ大学に所属していたフランクリン・ボビット（Bobbitt, J.F., 1876-1956）である。ボビットはカリキュラムの科学的研究の創始者であり、工場や企業モデルを教育プロセスに取り入れた。

ボビットのカリキュラム論は、工場の流れ作業（アセンブリ・ライン）をモデルにした。子どもは「原料」、教育目的となる理想の大人は「完成された製品」とされ、教師は「職人」、視学官は「職長」、校長は「工場長」、教育長は「経営者」と表現された。「生産目的」である教育目標を明確にし、その達成のために「原料（子ども）」から「製品（教育結果）」へと至る学習過程をいかに合理化かつ効率化し、また「品質管理」である教育結果をテストで評価して生産性をいかに高めるかが、「教育エンジニア」としての教師の中心的課題とされた。このため、ボビットのこの考えは、社会的効率主義と呼ばれた。

ボビットの社会的効率主義は、世界各国に普及し、今日の学校教育の基本的な構造を構成している。均一で一方向的な時間で段階的に分割された教科の学習、繰り返される達成度のテスト、教科や学年や校務分掌の分業形態で運営される教師組織、企業の経営をモデルとする学校経営などは、いずれも、社会効率主義による学校教育の様式である。

(3) 単元学習——キルパトリックとパーカースト

社会効率主義と同じく、学校教育改革に影響をおよぼしたのは、二つの単元学習であった。キルパトリック（Kilpatrick, William Heard, 1871-1965）の「プロジェクトメソッド」と、パーカースト（Parkhurst, Helen, 1887-1973）の「ドルトンプラン」である。特に、日本などのアジア諸国への影響は大きかった。題材や目標を中心に、教材と学習の経験を授業の方向を想定して組織したカリキュラムの単位を「単元」という。単元学習は、「形式的段階（分析・総合・系統・方法の思考過程）」を基礎として教材の単位を考案したヘルバルト主義の「方法的単元」が起源とされている。単元学習はアメリカにおいて創造的な発展をとげた。その一つが、「プロジェクトメソッド」であり、「ドルトンプラン」であった。

「プロジェクトメソッド」とは、児童生徒の自発的、目的的な活動を中軸に学習を組織する方法をいう。この方法は、20世紀初頭に農業教育の分野で「ホームプロジェクト」というかたちで行われていた。学校で学んだ知識を自分の家の農地で実地に活用し、学習を深め実際的なものにしようという教育方法であった。一方、キルパトリックは1918年に教育方法として「プロジェクトメソッド」を確立した。デューイの教育理論により、行動主義的な思考を学習に結びつけたのである。この教育方法では、人間の学習は「社会環境の中で行われる全身全霊をこめた目的的な活動」、つまり「目的的活動」の遂行であると主張した。そして、「目的的活動」の単位として「目的をたてる・計画をたてる・実行する・結果を検討する」の四段階で展開される単元学習を論じた。

　「プロジェクトメソッド」は、次の三点が重要とされた。第一は、「目的的活動」を教育の中心におくことである。キルパトリックは、ロシア革命（1917）によって現代が未来社会を予測できない「変化する社会」に突入した状況を踏まえ、どんな社会においても目的的に活動する人間が教育の目的となると認識していた。それまでの全ての教育論が、実現すべき社会像を内包していたのに対して、キルパトリックの教育論は、追求すべき社会像を捨て、「目的的活動」を絶対化しているのである。

　第二は、「プロジェクトメソッド」の中心目的が、知性的経験ではなく、「道徳的・社会的態度」が訓練されることを指摘し、「付随学習」こそが教育の中心的目的になるべきだと主張した。この立場は「なすことによって学ぶ（learning by doing）」という言葉で表現されている。

　第三は、「目的的活動」を核とする「プロジェクトメソッド」が、ソーンダイクに代表される行動主義の学習心理学で基礎づけられたことである。「刺激・反応・強化」の心理現象が学習の基礎原理とされることにより、キルパトリックの「プロジェクトメソッド」では、デューイの「反省的思考」が「反射的活動」へと矮小化されている。この3つの特徴からも明らかなように、進歩的というより、保守的な思想を基盤として形成された単元学習論であった。

　一方、パーカーストの「ドルトンプラン」の特徴は、「アサインメント（契約）」と呼ばれる子どもたちの学習計画を教師が承認する方法で、一人

一人の学習を個別化した点である。わが国では、大正期に成城小学校と明星学園を中心に普及し、「個性化教育」を徹底させた方式として著名である。しかし、この「個別化＝学習の個別化」が「アサインメント」という言葉が示すように、企業の経営と作業をモデルとして考案されたことは、意外と知られていない。パーカーストは実業界で活躍しうる女子の中等教育を追求して、ドルトンプランの方式を考案したのであり、ボビットらと同様「社会的効率主義」の立場で「学習の個別化」を推進したのであった。

（4）行動科学と行動主義——タイラー

　授業とカリキュラムに関する科学的研究は、1950年代から60年代にかけて、行動科学と行動主義心理学の発展に支えられた。行動科学とは、人間の行動を関連する諸科学（例えば、心理学、社会学、人類学、経営学、情報理論、システム工学）などの協力によって、学際的に研究しようとする方法である。行動科学の研究の特徴は、行動主義心理学の影響を受け、コンピュータを利用した数量化への思考が強い。特に、ラルフ・タイラー（Tyler, R. W., 1902-1994）は、行動科学を基にし、工学的発想によって教育実践を構成しようとした。著書『カリキュラムと教授の基礎原理』(1949)では、社会効率主義のモデルにカリキュラムと授業の「計画」と「評価」の理論を導入して論じた。この理論は「タイラーの原理」と呼ばれた。タイラーは、カリキュラムと授業を段階的に4つの構成要素から成るとした。つまり、①目的から目標へ、②教育的経験の選択、③教育的経験の組織、④結果の測定、の四段階の過程があるとした。そして、それぞれの段階において行動目標の特殊化・明確化が求められた。

　タイラーの原理は、その後のカリキュラムと授業の計画と実践と評価の原型的なモデルとして影響をおよぼした。行動科学の理念や成果が教育に導入されることにより、授業設計や教育方法の改善を研究することが盛んになっていく。学習理論、情報科学、集団行動理論などの教育への適用は、教育工学という新しい分野を開拓していくことにつながっていった。

（5）行知発達の心理学と教育学——ブルーナー

　1960年代以降は、行動主義への批判と、認知発達の心理学を基礎とす

る教授理論が発展し、文化人類学的方法に支えられた文化心理学と文化教育学の授業研究が積極的に行われた。そのはじまりは、ブルーナー(Bruner, jerome Seymour, 1915-)の研究であった。

ブルーナーは、ピアジェ(Piaget, J., 1896-1980)やヴィゴツキー(Vygotsuky, L. S., 1896-1934)の研究を受け継いで、認知発達および学習過程に関する実験的研究に従事した。ブルーナーの認知発達の理論は、学習と発達における個体の内的要因や、個体と環境との相互作用を重要視した。この「個体の内的要因作用」を重要視する考え方は、それまでアメリカ心理学の主流であった行動主義心理学と異なっている。ブルーナーを著名にしたウッズ・ホール会議の報告書『教育の過程』(1960)は、アメリカ教育界に衝撃を与えただけでなく、全世界的な教育の現代化という動向にも影響を与えた。「どの教科でも知的性格をそのままもって、発達のどの段階のどの子どもにも効率的に教えることが出来る」という言葉は、ブルーナーの教育観を端的に表現している。

また、学年段階を追って繰り返し登場する「スパイラル(螺旋型)カリキュラム」を提唱した。近年においては、実証主義的な心理学の「パラダイム的認識」の枠を超えて文化人類学と心理学の統合を求め、「ナラティブ(物語)的認識」による心理学と教育学と人類学の統合を推進している。ブルーナーにおける認知発達の心理学と教育学から文化発達の心理学と教育学への展開は、行動科学の系譜ほどには普及しなかった。だが、1970年代末から80年代における一連のパラダイム転換の契機となったのである。

【参考文献】
1　佐藤学『教育方法学』(岩波テキストブックス)岩波書店、1996
2　ヨーハン・フリードッヒ・ヘルバルト／是常正美(訳)『教育学講義綱要』協同出版、1974
3　デューイ／宮原誠一(訳)『学校と社会』岩波書店、1957
4　高旗正人・南本長穂(編著)『学習指導』ミネルヴァ書房、1992

第2章　教育方法の基本原理

1　教育方法の基本原理

(1) 系統学習と問題解決学習

　教育には、系統学習と問題解決学習という二つの大きな流れがある。
　系統学習は、客観的な学問的知識を体系的に学ぶところにその特色がある。知識を、やさしいものから難しいものへ、単純なものから複雑なものへ、具体的なものから抽象的なものへと配列し、体系的に学ぶのである。日本史を例にとるなら、鎌倉時代の次は室町時代、というように、年代順に学ぶことになる。そして、それぞれの時代は、まず初めに政治的な状況を学び、次に社会・経済的な状況を学び、最後に文化的な状況を学ぶ。
　これに対し、問題解決学習というのは、問いが先立つ学習である。学習者が、生活や学習の中で直面した疑問や課題に対して、どうして（why）とか、どうしたら（how）といった問いがまずあって、それに対する問題解決的な学習、課題探求的な学習が行われる。学習者は、自らの興味・関心・欲求に基づき、自分にとって本当に知りたいこと、学びがいのあることに対して思考力・判断力などの諸能力を駆使して能動的・主体的に「打ち込む」のである。学校教育の中では、思考力、判断力、表現力、創造性などの能力形成をとおして、課題に対する総合的な適応能力の形成が目指される。ただし、子どもの経験による問題の発見と解決を基礎にした教育では、将来、生きていく上で必要な基礎的な知識・技術が網羅されるという保証が必ずしもなく、学習内容の欠陥や偏りといった問題を生じがちである。
　系統学習と問題解決学習のうち、学校教育の中でメイン・ストリームを

形成してきたのは、系統学習であった。「知識は力である」といったのは、フランシス・ベーコン（Bacon, Francis, 1561-1626）である。教育は、力である知識を多くの人に分配するための方法として構想されてきた。

　コメニウス（Comenius,Johann Amos, 1592-1670）は、『大教授学』を著し、「すべての人にすべてのことを教える普遍的技術」を提示しようとした。16世紀までのルネサンス期の教育の醍醐味は、古代の著作家との直接対話にあり、キケロやクインティリアヌスなどの著作が読まれていたが、17世紀のコメニウスの時代になると、知識を体系的に整理し、それらを年齢や発達段階に応じて配列して教えることが目指されるようになったのである。コメニウスは、自らの教育方法を、印刷術の発明になぞらえ、教育印刷術といった。折しも、イギリス経験論の始祖といわれるロック（Locke, John,1632-1704）は、精神白紙説を唱え、子どもは白紙のようなものであり、どのような形にも変化し得るものであるとした。経験論の立場からすれば、人間は、生まれや財産によって決まるのではなく、教育の影響こそが何よりも大切とされる。このようにして、人々の間に教育熱が高まっていった。

　実際、知識は力であった。蒸気機関車や電池や航空機が発明されるなど、知識が人間の生活を豊かにしてきた。それゆえ、力である知識を伝達することは、無条件によいことであると考えられてきた。このように、教育の歴史は、知への確信の歴史を歩んできたといえる。

（2）日本における展開

　日本では、1958年の「学習指導要領」で、日本の学校が系統学習の立場に立つことが鮮明に打ち出された。1960年代以降の日本の教育関係者の主要な関心事は、限られた時間内にいかに多くの知識を生徒に確実に習得させるか、ということであった。能率とか効率が追求されていたのである。教育の成果は、習得された知識の量で計られるので、質よりも量が大切となり、「AはBである」（例えば、「イイクニつくろう鎌倉幕府」＝鎌倉幕府の成立は1192年）ということを教え込む・覚え込むことと、教育や学習が同一視されるような風潮があった。

　1955年から1973年までは、日本の高度経済成長期にあたる。多くの国民が、豊かさを求めて努力をしたときである。この時期は、後期中等教育と高等教

育の拡充期でもある。1954年に5割を超えた高校進学率（50.4％）は、20年後の1974年には9割を超えている（90.8％）。また、大学・短大への進学率は、1960年には10.3％であったが、15年後の1975年には、37.8％となっている。このような進学者の飛躍的な増加は、「教育爆発」ともいわれている。

　1961年に文部省は、中学2〜3年生全員を対象に「全国一斉学力テスト」を実施した。これを機に、学校に偏差値が導入された。生徒たちは、偏差値によって、自己の相対的な位置を知って、一喜一憂するようになったのである。全国の学校は、偏差値によって輪切りにされ、ランクづけられた。そして、少しでも「よい学校」を出て「よい会社」に就職しようと、多くの児童生徒が必死になって勉強した。このようにして学校は、社会的選別機関としての色彩を強めていったのである。

　ところが、1970年代後半になると状況が一変する。校内暴力など、子どもたちの間に非常に強い学校拒否的態度が見られるようになり、「教育の荒廃」という言葉が流行語のように語られるようになったのである。進学率の飛躍的な上昇は、教育機会の平等を保障するものでもあったが、反面、子どもたちは、受験の重圧に苦しむようになった。教育は、大学進学といった特定の目的に奉仕する教育に陥り、人格を形成するための教育であることを放棄してしまっていた。受験のための学習体制は、知的なものを徳へと転換することをやめていたのである。

　もはや教育の人間形成への欠陥は明らかであった。子どもたちは、人格が磨かれたとか精神的に豊かになったという実感をもつこともなく、学ぶ喜びが伴わない学習に従事していたのである。多識は必ずしも魂を豊かにするものではない。それどころか、非常に多くの青年たちが、あくせくした学習競争の中で、はっと気がついたときには、自分自身が空虚な存在となっていて唖然としてしまうのである。すなわち、試験のために暗記して身につけられた知識は、いわゆる「学力の剥落現象」の結果、1年も経てば8割方は忘れられ、消え失せてしまい、後には空虚な人格が残るのである。今日、このような「人格の空洞化現象」に悩む青年が後を絶たない。また、たとえ忘れずに覚えている場合にも、大きな問題が存在する。すなわち、いろいろなことを知っているのに心が渇いて仕方なく、精神の枯渇

化に苦しみ、心の飢餓感を味わっている青年も少なくないのである。

1980年代は、知識が知識で終わり、人間が形成されていない、ということが認識され、教育学が大きな挫折を味わった時期である。知識の伝達を無条件によしとしてきたような見方の変革が迫られたのである。

わが国の学校教育は、系統学習一辺倒に陥っている観があるが、系統学習一辺倒というのは、実は恐ろしい世界である。なぜならば、そこには「私」というものの存在する余地がないからである。系統学習の学習内容は、学習者一人一人の興味・関心・欲求とは無関係に、いわば外から決められている。学習の成果は習得された知識の量で計られるので、点数を意識すればするほど、あるいは能率や効率を重視すればするほど機械的な暗記に陥るが、頭の中にどんなに客観的な学問的知識を詰め込んでも、学習者は「これが私の人格です」ということができない。客観的な知識の集積だけでは、個性が主張できないのである。

神戸市須磨区の連続児童殺傷事件で、殺人などの容疑で逮捕された中学3年生の少年(当時14歳)の犯行声明文(1997年6月4日に神戸新聞社に届いたもの)には、「透明な存在であるボクを造り出した義務教育と、義務教育を生み出した社会への復讐も忘れてはいない」と書かれているが、「透明な存在であるボク」というのは、今の子どもたちに共通の感覚であるといわれている。客観的な知識の習得だけで学習が構成された場合、人は自分の存在を希薄に感じてしまうのである。

系統学習一辺倒の恐ろしさのもう一つの側面は、自己肯定感の欠如という問題である。自己肯定感とは、「今の私はこれでいいのだ」というように、自分という存在を信頼し、肯定できる感覚のことであるが、「記憶力の悪い私をどうして好きになれるか」、「もっとよい点数を取りたいのに取れない私をどうして受け入れられるか」という問題があるのである。系統学習においては、習得された知識の量で学習の成果が判断される。数量化が可能であるだけに、点数とか偏差値というものが幅を利かせることになる。平均点は何点で、自分は平均よりも上か下かとか、自分の校内順位は何番だというように、いたずらに競争意識を駆り立てられて劣等感に苦しむことになりかねない。このような体制の下では、子どもたちは、人との勝ち負けや、優劣の評価においてしか、自己の成長・発達を確認したり、意識し

たりすることがなくなってしまう。しかも、上には上がいるものである。

　いくつかの国際比較調査で、日本の子どもたちの自己評価が、国際的に見て著しく低いことが明らかにされているが、自己肯定感が欠如し、自己評価が低い状態では、「個の確立」は困難である。人は、ありのままの自分の姿を受け入れることができてこそ、他者を受け入れて「共に生きる」ことができる。反対に、自己の尊厳の重みを実感していなければ、他者の尊厳にも無頓着とならざるを得ない。このように、自立性と連帯性は、深く結びついている。自己肯定感の欠如は、連帯感や仲間意識の欠如を結果としてもたらし、「共に生きる」という価値意識形成を困難なものにする。

　わが国では、1984年8月に臨時教育審議会が発足した。時の内閣総理大臣・中曽根康弘の諮問に応じて教育改革について調査審議する機関を3年間設けることになり、3年後の1987年8月に第四次(最終)答申が出ている。この臨時教育審議会の審議の過程で、「新しい学力観」というものが生まれている。従来の学力観とは、習得された知識の量で学習の成果を判断するというものであったが、これでは知識偏重、記憶力偏重に陥ってしまう。「新しい学力観」とは、能力形成を重視したもので、思考力・判断力・表現力・創造性などの諸能力がどれだけ形成されたかで教育の成果を判断しようとするものである。また、関心・意欲・態度も、「新しい学力観」の重要な要素である。従来の学校は、勉強嫌いの子どもを大量に造り出していた。例えば、「古文なんてまっぴら御免、漢文なんて見るのも嫌」といったような状態で、はたして「学ぶ力」があるといえるかどうかが問われたのである。「学ぶ力」があるとすれば、もっと学びたいという関心や意欲、そして分からない言葉があったら辞書をひもとくような態度が形成されていなければならないはずである。

　「新しい学力観」は、教育学や学校教育のあり方に大きな変革を迫るものであった。すなわち、従来の教育学は、知識伝達のための教育学であったが、これからの教育学は能力形成のための教育学とならなければならないとされ、また、学校教育も、受信型知識の教育から、発信型知性の教育へと変わらなければならない、とされたのである。

　第15期中央教育審議会第一次答申「21世紀を展望した我が国の教育の在り方について——子供に『生きる力』と『ゆとり』を——」(1996年7月)

では、「生きる力」という言葉が用いられた。「生きる力」とは、「自分で課題を見つけ、自ら学び、自ら考え、主体的に判断し、行動し、よりよく問題を解決する資質や能力」であり、また「自らを律しつつ、他人とともに協調し、他人を思いやる心や感動する心など、豊かな人間性」、そして「たくましく生きるための健康や体力」である。この「生きる力」は、「単に過去の知識を記憶しているということではなく、初めて遭遇するような場面でも、自分で課題を見つけ、自ら考え、自ら問題を解決していく資質や能力」である。そして「これからの情報化の進展に伴ってますます必要になる、あふれる情報の中から、自分に本当に必要な情報を選択し、主体的に自らの考えを築き上げていく力などは、この『生きる力』の重要な要素である」と指摘された。そして、これからの学校の目指す教育としては、「生きる力」の育成を基本とし、「知識を一方的に教え込むことになりがちであった教育から、子供たちが、自ら学び、自ら考える教育への転換を目指す」としている。また、「生きる力」を育てていくための具体的な方策の一つとして、「総合的な学習の時間」の創設が提言されている。

さらに、この答申を受けた「教育課程審議会答申」（1998年7月）では、各教科等や「総合的な学習の時間」などにおいて、「体験的な学習、問題解決的な学習、調べ方や学び方の育成を図る学習などが重視されるとともに、自ら調べ・まとめ・発表する活動、話し合いや討論の活動などが活発に行われることが望まれる」としている。これは、系統学習に偏りがちであったこれまでの教育を転換することを目指したものである。

本来、教育は、系統学習か問題解決学習かの二者択一ではなく、それぞれの長所を取り入れて豊かな教育活動を展開していくことが望まれる。創意工夫に満ちた教育を創造していくことが求められているのである。

2 心の教育と教育方法

「心の教育」ということがクローズアップされる契機となったのは、1997年に神戸市須磨区で起きた小学生連続殺傷事件である。小学校6年生の児童を殺害し、切断した頭部を警察への挑戦状を口にはさんで中学校正門前に放置した上、連続犯行を示唆する犯行声明文を新聞社に送りつけるなど、

国内犯罪上、例のない猟奇的な事件は、中学3年生の男子生徒（当時14歳）逮捕というショッキングな展開で、衝撃が国中を駆け抜けた。わが国で子どもたちをめぐる問題がここまできたか、という一種の絶望感が国民を襲ったのである。

文部大臣の諮問機関である中央教育審議会は、1997年8月に「幼児期からの心の教育の在り方について」諮問を受け、1998年6月に「新しい時代を拓く心を育てるために――次世代を育てる心を失う危機――」と題する答申を提出した。答申では、家庭、地域社会、学校、さらには企業やメディア、そして国や地方公共団体のそれぞれが、子どもたちのためにどのような取り組みをして欲しいか、広範にわたる提言をしている。

しかし、社会を震撼させる少年事件は、後を絶たない。17歳、14歳、11歳といった子どもたちが次々に引き起こしている重大な犯罪は、人格形成という視点に根ざした教育の必要性を社会に突きつけているともいえる。

問題の原因がどこにあるのか、さまざまな分析が試みられているが、自己肯定感の欠如、ないしはセルフ・エスティーム（自尊心）の低さが、今日の多くの教育問題と深いかかわりがあることが明らかにされ、注目されている。

以下に、いくつかの事例をあげる。

（1） 学級崩壊

自己評価も他者評価も低いような状態では、学級は簡単に崩壊してしまう。「学級崩壊」という現象で特徴的なのは、崩壊しているクラスの子どもたちが、自分たちの状態を誇らしく思っていない、ということである。要するに、自己評価が低いのである。そこにおいては、教師の権威が崩壊しているばかりではなく、子どもたちの間にも連帯感や仲間意識が欠如している。自己肯定感が欠如していると、他者に心を開けない。「学級崩壊」を克服するためには、子どもたちの自立心を形成するような働きかけをしなければならない。具体的には、子どもたちに「やればできるんだ」という自己有能感をもたせたり、コミュニケーションを頻繁に積極的にとることにより、自己肯定感をベースに学級をつくり「学級崩壊」を克服した実践事例などがあり、注目される。

(2) キレる・ムカつく・カッとなる

「キレる」とか「ムカつく」といった言葉が、流行語のように語られている。児童生徒は、自分の「よさ」に気づき自己受容できるとき、適度に自己をコントロールして、みだりに欲求や衝動のままに行動しない態度を形成していく。反対に、自分を好きになれない人間は、いろいろなことに努力したり、人と交わって仲良くするために我慢するという辛抱強さのようなものが生まれてこないし、自己抑制力というものが育っていかない。すなわち、セルフ・エスティームの低さと自己抑制力というのは、裏腹の関係にある。その意味で、キレやすい、すぐムカつく、ちょっとしたことで不安定な状態になり、自分で自分の感情をコントロールできなくなっているというのは、セルフ・エスティームが低いことの表れでもある。

(3) 規範意識の低下

日本の子どもたちの規範意識の低下が顕著になっている。国際比較調査においても、日本の子どもたちの規範意識は著しく低い。

子どもの自己概念と行動とは深く結びついており、問題行動を続ける生徒の「個人的（主体的）要因」として、否定的な自己イメージをもつ者が多いことが知られている。セルフ・エスティームが低いと、たとえ自分に嫌なところがあっても、努力してそれを改善していこうという力には結びつきにくい。しかも、「どう生きようと個人の自由」という生き方の相対主義に傾く豊かな現代社会の中で、子どもたちは次第に向上心を失いつつある。規範意識を高めるためには、まずセルフ・エスティームを高めなければならない。

(4) いじめ

「いじめ」の原因や背景としてさまざまなことがあげられるが、その根底には、他者に対する思いやり、いたわりといった人権意識の立ち後れがある。「いじめ」を生じさせないためには、人権意識を高めなければならない。人権意識とは、「自己と他者を大切にしたい」と思う心の有り様であり、自己肯定感の別名でもある。他者を大切にするためには、まず自分を大切にできなければならない。自己価値感情を高め、自己の存在の重み

を実感させると「いじめ」は消失する。肯定的な自己意識が強いと、利他的な行動や寛大な行為を示すことが多くなることが知られている。

ところで、日本の「いじめ」の発生件数は中学1年生が最も多い。日本の中学生は、高校入試よりもずっと以前に、すなわち中学1年生の頃に、自分への期待値を大幅に下げてしまう。高校のランクが可視的で、その上、何度も模擬試験が繰り返されるため、自分の分をわきまえてしまうのである。「私は私に期待していません」というようなセルフ・エスティームが低い状態では、「いじめ」も多発するのである。

(5) 学力低下

自分のことが好きだといえる感情がないと頑張れない。教育内容の削減は、1977年（小・中学校）および1978年（高等学校）の「学習指導要領」改訂以来、毎回行われてきた。教育内容を削減し、「ゆとり」を与えれば、「七五三教育」と揶揄されるような大量の「落ちこぼれ」が出るような教育の問題は、改善されるはずであった。今日の学習内容は削減開始前に比べ半分以下になっている。ところが、文部省の1998年の調査でも授業の理解度は小学校7割、中学校5割、高等学校4割程度で、相変わらず「七五三教育」と揶揄される始末である。教育内容を削減しても、それと同時進行するかたちで子どもたちの学習意欲が減退し、勉強時間が減少したのでは、問題の解決にはならない。財団法人「日本青少年研究所」の1999年の調査では、日本の高校生の41.8％が、学校以外での勉強をしていない。「野心の放棄」ということがいわれて久しいが、これは、言葉をかえるならば、「達成への意欲の減退」である。自分への期待値が低いと、高い目標を定めて、その目標を達成するために努力することにはならず、今日一日が楽しければそれでよいという享楽的な生き方をするようになる。わが国では、「今よりも将来のために努力する」という中・高校生の割合が、国際的にみて著しく低いが、これもセルフ・エスティームが低いことの表れである。今日の学力低下の問題を解決するためにも、子どもたちのセルフ・エスティームを高めなければならない。

人は、自己肯定感があればこそ、自分の心に感じたこと、自分の頭で考えたことを信頼し、それに依拠して自己の人生を切り開いていくことがで

きる。反対に、自己肯定感が欠如していると、授業中でも自分の意見がいえないし、質問もできない。「生きる力」を育むためには、自己肯定感をふくらませるような教育が必要である。

　自己肯定感をふくらませるためには、好ましい自己概念が形成されるような教育が欠かせない。私たちは、他者を鏡として自己を映し出す。それゆえ、他者との人間関係が良好だと自己評価が高くなり、他者との人間関係が希薄だと自己評価が低くなる傾向がある。学校、家庭、その他の生活の中で、子ども自身の内と外の世界に、より豊かな人間関係を築くことが、自己評価を高める重要な要素である。他者との対話、話し合い、討論などが活発に行われる小集団共同学習が、生徒の自尊心形成に積極的な影響をおよぼしているという研究もあり、注目されるところである。

　自己肯定感をふくらませるために、「やればできるんだ」という自己有能感をもたせる教育も実践されている。しかし、自分の長所や業績、功績を人から評価され、認められるという経験ばかりでなく、失敗したり、弱点をさらけ出しても、それを許され、受け入れられるという経験も大切である。欠点や弱点を含めて、ありのままの全体としての自分が受け入れられるとき、人は真に癒され、自分らしくなれる。それゆえ、自己肯定感を育もうとする親や教師は、単によさをとらえる目をもつだけでなく、失敗や過ち、未熟さへの温かい目をもつことが欠かせない。人は、自己肯定感が確保されてこそ、自分の欠点や短所を事実として認め、受け入れ、その克服に前向きにチャレンジできるようになるのである。

【参考文献】

1　大川洋「高度情報化社会における『個の確立』に関する一考察」日本道徳教育学会（編）「道徳と教育」（第43巻第1・2号、通巻296・297号合併号）、1997
2　鯵坂二夫（監修）『教育原理』保育出版社、2000

第3章　授業と学力

1　授業とは何か

(1) 授業の構造

　授業において主役を演じる教授者（教師・教諭・教員）と学習者（園児・児童・生徒・学生）の授業場面での居心地・取り組み心地のよさは、授業効率や学習到達度の観点から見て重要なものである。今日、授業のアメニティー（心地よさ）が、勉め強いる"勉強"からまね（学）び自分から飛翔する"学習"への転換の中で、再評価の時期となってきた。元来、授業は、生徒の学習活動と教師の教授活動の相互往還作用によって成り立つものである。

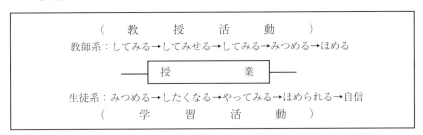

　一定の場所で一定の時間に、限られた構成員の学習者に決められた内容を学習と生活で指導することが組織的・計画的になされる社会装置がある。それが学校であり、その活動の場所こそが教室・教場である。
　学校で繰り広げられる「教科と教科外の授業の形態」を分類すると、
(A) 教師主導型
　①講義方式……………………教科書・黒板・ノートの弁説形式の授業

②講演方式……………………演芸的話術中心で学習者は受動の授業
③教育メディア利用方式……視聴覚機器を駆使しての教師発信授業
（B）生徒主役型
④体験重視方式………………実技／実験／実習／調査活動のある授業
⑤作業構成方式………………作品の製作による発表学習形式の授業
⑥演習〈ゼミナール〉方式……議論や討論や論争による意見交換授業
⑦読書方式……………………書籍や論文や記事を読み持論をつくる授業
⑧論述文作成方式……………自己の所見を文章にまとめ表現する授業

と、2区8分図に表現できる（図3-1）。第二層には、教科外の「道徳」や「特別活動」の5指導方法が示され、A．説話による方法、B．視聴覚機器（AV）の利用、C．役割演技による方法、D．話し合いによる方法、E．読み物の利用が含まれる。これらのうち、特に後者B．の④⑤⑥は、学習者にことさらにアメニティー（心地よさ）が高い。また、A．の方では、③の視聴覚機器（VTR・OHP・OHC）や情報機器（パワーポイント・パソコン等）の利用による授業展開がAV（オーディオ・ヴィジュアル）世代の生徒の学習意欲を喚起しやすく、楽しくかかわりたくなる授業ともなる。

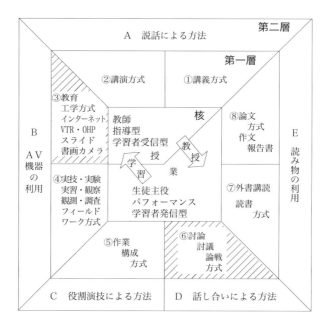
図3-1

(2) 教室環境の好適性

　環境の生き物である人間にとって、空間・場のアメニティー（心地よさ）は無視できない仕事効率の要素である。所与の自然物的空間と人的空間と人為的空間について検討が加えられねばならない。物理的な条件として、音や光をはじめ気温・湿度・通風・臭気などが考えられる。これらは、環境衛生整備の範疇に入る事柄でもある。気候や気象にかかわる事象ながら、空気調整（エアーコントロール）設備の急速な発達で、自由に操作できるようになった。しかし、人工的な環境操作の負の副作用についても敏感でなければならない。人間の適応幅の低下や欲求不満耐性（フラストレーション・トレランス）の萎縮にみられる負のつけの指摘は見逃せない。

　物質資源的な要素としては、教具のハード部分で黒板・掲示板をはじめとして机や椅子のことがまず思い浮かぶ。ここの規格と品質もさることながら、その運用配置の面での工夫に注目してみたい。視覚からの情報収集の観点から、板書や掲示物や投影物・映写物の大きさや配色はもちろん、ピント合わせには十分に注意を払いたい。この視覚による感覚の受容・キャッチは、学習者にとってなんと約85％にもおよび、非常に大切である。

　音響の環境は、音量（ボリューム）・音質（トーン）とが問われる。この約10％程度の感覚受容源といわれる声と音の情報についても、明確鮮明・快適・交換をむねとしたい。マイクやスピーカー設備の有効利用に心を留め、聞く人の身になって適切性確保に配慮していきたい。

(3) メディア利用のアメニティー

　IT革命時代の渦中にあって、学校のメディア環境改良は急速確実に進展している。電子文房具のパソコン利用の授業は、これまでの教科書＋黒板＋ノートの三位一体による勉強・受信・暗記型の教育から、学習・発信・創造型の教育へシフトの転換を迫っている。

　教育の三角形で考えてみると事態はわかりやすくなる（図3-2）。授業が師弟（教授者・教師と学習者・児童生徒）間の相互往還作用となり、教材を媒介

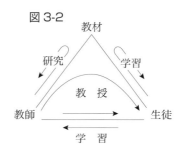

図3-2

項とした信頼関係に支えられたコミュニケーションであることに気づく。

　今日では、先に人間としての生き方やあり方を考えただけで先生であるのではなく、先に生まれて教育研究機器として有能なロボットのコンピュータをよく操作活用し、その運用を「情報の倫理」に支えられて、適切に教えられ生かせてはじめて先生といえることになる。師弟間の教授学習活動にも、意図と無意図の区別指標にすると、図3-3のように教育・指導と感化と模範と影響の事態が区別できる。教育・指導が中核ではあるが、他の3つの現象の意味や機能効能にも、十分に留意をしておかねばならない。

（児島邦宏、1999）

　授業における教材の提示方法が、もっと工夫され革新されなければならない。大別すると、情報提示のタイプには、実物（シグナル）型と画像（イコン）型と言語（シンボル）型の3方式に分けられる。これらの中でも、情報化時代の授業の革新には、とりわけ多様な画像（イコン）型情報の提示に注目しなければならない。学習者に「わかりやすさ」や「楽しい学び」や「学び甲斐」をもたらす居心地のよさ（アメニティー）が、機器利用の視聴学習には明瞭に認められるからである。画像と提示用の機器を点検調整し、長所と短所を的確に把握して円滑に運用する資質が、有能な教師には常に望まれている。

　画像について整理して考えてみると、
　　①静止画像………掛図・ポスター・絵画・漫画・デザイン・写真
　　②活動画像………アニメ・映画・ビデオ
　投影機器について画像に準じて列挙してみると、
　　③静止画像用………OHP(オーバーヘッド・プロジェクター)・スライドプロジェクター・ビデオプロジェクター（一時停止画像）・実物提示装置や書画カメラ（OHC）・ビデオカメラ（一時停止画像）
　　④活動画像用………映写機＋スクリーン・ビデオデッキ＋モニターテレビ
　これらを、画像介入型授業が可能なように、機材のシステムを組むと、

図 3-4

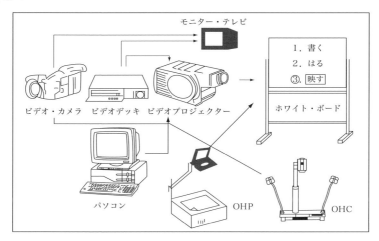

図 3-4 のように考えられる。

　特に注目したいものは、ホワイトボードの③スクリーン機能である。オーソドックスな①板書（書く）・②マグネット掲示（貼る・留める）両機能のほかにも目を向けることが望まれる。遮断や遮蔽の機能からすると、光・音・風・熱の防御に役立つ。区間の間仕切り用にも利用価値があることも気づいておきたい。ことさら強調しておきたいのが投影用に利用工夫ができることである。布やビニールのスクリーンには、文字や記号の書き込みはもちろん着色も不可能である。これらの壁を乗り越える手法が、ホワイトボードの投影板すなわちスクリーンとしての利用である。

　画像や映像に一時停止（ミュート）をかけて、さらに拡大や調整をかけてそれを基盤にして、着色したり文字や矢線や括弧を加筆したりできる。これらの加工介入による付加説明の可能性は大きく膨らむ。このシステムに多少の説明を加えると、（A）ビデオ・カメラとビデオ・プロジェクターにより実物提示装置になる。（B）パソコンとビデオ・プロジェクターによりパワーポイントとなる。これらの価値あるプレゼンテーション用実物提示装置（OHCと同様）やパワーポイントは、機器組み合わせシステム化の好例である。

　画像や映像への加工の可能性を与えてくれるホワイト・ボードではある

が、本来投影の機能が目論まれた素材でつくられていないので、映像が白板の乱反射で光って見にくいことが起こりがちである。光の反射性を調整する課題がまだまだ残されている。ホワイト・ボードの上下丈や左右幅など、製作上の大きさ問題も技術的改良課題として、小さいが残っている。

(4) 参画によるアメニティー

The right thing in the right place.「在るべきところに、在るべきものが在る」を原義とするアメニティーに立ち返ると、高度な情報機器の運用能力も現代人の重要な資質といえよう。仮想の画像の現実（ヴァーチャル・リアリティ）に子どもたちがいたずらに幻惑されることなく、現実（リアリティ）と理想や理念（イデア）に根をしっかりと下ろして、理性的な判断を下す訓練が今日ほど喫緊に求められている時代はないだろう。通信や創作用のロボット君パソコンを人間主役で人間中心の思想のもとに、師弟ともども協働して駆使操縦使役して生活に生かしていきたいものである。

ここで問う問題は、集団思考や行動の「参加」についてのアメニティーである。平素一般の議論や会話では、参集と参与と参画に整理した緻密な議論がなされていない。この問題に明確な図表的説明を与えたのは、1980年代後半の林義樹の仕事である。林の図式に多少の加筆と説明の修正を加えて1992年に作成し、理解しやすくしたものが図3-5である[(1)]。

参加には、明らかに質の問題がかかわっているのである。物理的で身体的な参加の参集と精神的で心理的な参加の参画は大きな隔たりがあるということである。かかわり心地や集まりがいがあるいわゆるアメニティーの高い参加は、いうまでもなく参画型である。参加者の主体性の高まりや参

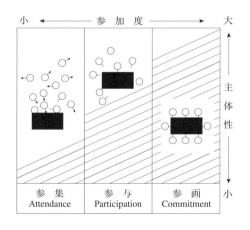

図3-5

加（心理や意識）の度合いは、明らかに参画のほうがアメニティーが豊かである。教育方法として意欲の喚起と自主性の尊重からも、アメニティーを追求することが望まれている。共通の課題意識と解決意欲を抱いて、同じテーブルに着いて共同・協同作業をするイメージは、紛れもなく善玉の教育である「共育」「協育」「響育」「恭育」「鏡育」「興育」に通じている。

(5) 授業を楽しむ教師

　学び心地のよい（アメニティー）学習体験を園児・児童・生徒・学生に準備提供して、学ぼうとする力を支援（サポート・ファシリテート）するのが教師の仕事である。この仕事で「生きる力」と「生かされている力」を享受できるのもまた、とてもあり難いことである。やろうとする気を支援するには、学習者の選択の自由度を高め広めることと、学習者自身の目的意識・志・使命感の明確化作用の尊重と支持応援である。学習条件や環境整備の名手になることが、スペシャリストを目指す教師の醍醐味ともいえよう。

　教材で教える教師には、教材の提示法（プレゼンテーション）の技量が問われる。生徒学習の主体者とともに「参画」形式授業を設営して善玉型の共育に徹していきたいものである。恐怖を与え（恐育）・脅迫観念にさいなまれ（脅育）・凶悪凶暴にさせ（凶育）・強制的で勉め強る（強育）・競争にあおりたて（競育）・狭隘な視野に陥れる（狭育）など数々の悪玉教育を防止し、駆逐した自然な善玉教育を実現していきたいものである。

2　学力とは何か

(1) 教育における略熟語を斬る

　まず、「学歴」の問題点を考えてみよう。□学□歴の形式で検討を加えてみよう。学歴の修飾語句Aと学歴の中間語句Bの省略に分けて説明してみたい。最終学歴は、一般に最後に卒業や終了した学校を暗黙の了解としている。学校歴が問われることを意味している。それでは、最初学歴とは何かと問うと事態が変わってくる。家庭では、どんな保護者の下で学び習い育てられたか。学校では、いかなる優れた教師に学び習ったのか。す

なわち、学習歴が焦点である。学校歴か学習歴か軽重のおき方が問われる。後者「学習歴」への気配り重視を喚起したい。善玉の学歴群に学問歴・学究歴・学求歴・学殖歴などがあり、これらを信仰の対象とした学歴信仰であり、これらを指向する学歴社会を樹立したいものである。

次に、「教育」について考えを深めてみよう。漢字の字源から観て、「育（㐬）」は、胎児（㐬）が赤ん坊になり肉付き（月）よく丸々と太ることを意味し、「教（敎）」は、立って歩行する子ども（子）に対して、大人（ナ）が杖（丿）で叩き交わる（攵）ことを象形している。「教育」よりも「育教」の語順が自然で、撫育教導とか愛育教化の四字熟語の中の二字と解釈すると理解がしやすい。「育んだ後に教える」の姿勢や「育みつつ教える」の態度が欠落することへの警告としたい。やさしさと厳しさの共存が、この「育教」に含意されている。

最後に「学力」にも略熟語現象が見られることに気をつけたい。学校力に矮小化したり、学んだ力の過去形の蓄積学力に固執することに、大いに疑問を発したい。「学習力」や「学ぼうとする力」に視点転換を図りたい。

（2） 学力観の諸相

見える学力と見えない学力を唱えたのは、岸本裕史で1981年の仕事であった。岸本は「学力は、言語能力×意欲×継続なのです。読書力と、やる気と、根気の積だといってもいいでしょう」と述べている[2]。海に浮かぶ氷山になぞらえて、海面上は本体の八分の一でテストや通知簿で示される成績に見られる「見える学力」ととらえ、海面下の八分の七の「見えない学力」に注意を促している。見える学力の土台をささえる見えない学力への熟慮を熱心に語っている。そこでは、「読書」と「遊び」と「しつけ」と「言葉」を重要な概念として扱っている点に、留意したい。

生きる力としての基礎的な能力を、三大別していることに注目したい。即ち、「基礎的な体力・運動能力」と「感応表現能力」と「基礎学力」である。「基礎学力」には読み書き計算のいわゆる3R's が示されている。今日では、計算は電子文房具のコンピュータと飛躍することには小ブレーキをかけておきたい。筆算による訓練の重要性が否定できないからである。

学力は「学校力」ではなく「学習力」であると主張する声が教育界に

増えてきた。何をいかに学び、自己に内在する能力を伸ばし、自分発見と自分育てをしたか、自習に重心をおく学力観に立ちたい。過去形の「学んだ力」よりも現在形の「学ぶ力」に、さらに望みたいのは未来志向の「学ぼうとする力」に価値評価を与えたい（図3-6）。

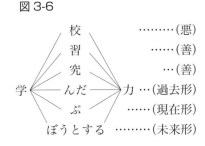

図3-6

生徒自らが、目標を立て使命感をもって精進努力する過程を大切にし、「学ぼうとする力」育てを応援したい。

(3) 学力劣化と低下問題

暗記力と記憶力の伸長も知識の量的拡大として一理あるが、これからの変化の時代には、模倣力より創造力が求められる。国際理解と交流や貢献が必要とされ、自然環境も社会環境も人文環境も大きく変化する。その上にIT革命が急速に進展する変化流行の時代に、われわれは生きている。この時代の風に、柔軟に適応できる学習力こそ希求されている。

「知識」と「技能・技術」に続く第三の価値とされる「態度」が問われる。学ぼうとする力や、まねび習得する態度が手本となるのである。教え込まれてどれだけ多く受容したか、またそれを早く正確に多く量的に吐き出せるかの競争評価の限界を、人材を迎え入れる実業界は自覚しはじめている。既成のマニュアルにしか反応できない受信型の新しい世代には期待がもたれていない。今や日本は、キャッチアップの発展途上ではなく、世界の舞台でトップランナーの役を期待されている。その役を演じきれる創造的で協調的なパーソナリティー（人格）が求められている。今後のインターナショナルな物差しでの学力には英語力は必須なものであることは論をまたない。

内容と方法を越えたところで、「いかなる精神で教えるか」が最も重要な教授原理と述べたのは、ラッセル (Russell, Bertrand, 1872-1970) であった。学力後退を憂う教育者は、『教育論』(1926)[3] にあるこの箴言に耳をすませ、その心を体得したい。

(4) 善玉の学力の評価

　暗記学力や記憶学力にとどまってはならない。マークシート方式に代表される記憶の再認で5〜8の有限選択肢からの解答名人育ての勉強の時代に別れを告げたい。既存の知識をより速くより正確に選択する能力開発教育に陥る愚かさを猛省して、方向転換を考えたい。

　好ましい学力とは何か。善玉の学力は何か。この問いの答えの一つは、「図書館の使い方や応用する力」といえよう。さらにもう一つの答えは、「パソコンの駆使能力」といえよう。二つの箴言である、ブルーナー(Bruner, J. S., 1915-)の「Learn How To Learn. 学び方を学ぶ」や、アルビン・トフラー(Toffler,Alvin,1928-)の「学び方を学んでない人は、21世紀の文字の読めない人(文盲)である」は、学力の何たるかをよく物語っている。学習力を育むことが最も大切であることが明白である。

　生かされている力の自覚に立って、自問・自助・自行・自考・自主・自律・自立・自重・自得することのできる力の育成と形成が求められている。子どもは両親や保護者や教師を模倣して育つ。師表垂範の精神で「学習力」の手本を、子どもたちに堂々と示せるように、自覚したいものである。

[注]
(1) 林義樹『学生参画とクラスワークの創造』学文社、1990
(2) 岸本裕史『見える学力、見えない学力』大月書店、1981
(3) B.ラッセル／堀秀彦(訳)『教育論』角川文庫、1954

【参考文献】
1　河村正彦『新しい社会と教育の基礎』126頁、福村出版、1997
2　大庭茂美・河村正彦『道徳教育の基礎と展望』福村出版、1999
3　大庭茂美・赤星晋作『学校教師の探究』93頁、学文社、2001
4　中内敏夫『学力とは何か』岩波書店、1983

第4章　教育課程

1　教育課程

（1）教育課程とは

　教育課程（カリキュラム）の意義についてはさまざまなとらえ方があるが、文部省は1989（平成元）年刊行の『小学校指導書　教育課程一般編』の中で、「学校において編成する教育課程とは、学校教育の目的や目標を達成するために、教育の内容を児童の心身の発達に応じ、授業時数との関連において総合的に組織した学校の教育計画である」と公的な定義づけを行っている。さらに続けて「学校において編成する教育課程をこのようにとらえた場合、学校の教育目標の設定、指導内容の組織および授業時数の配当が教育課程の編成の基本的な要素になってくる」としている。

　わが国の教育現場においては、教育課程という言葉は広義と狭義があり、広義には、学校における全学年、全領域、全教科にわたる年間単位の全体計画と学年や学期、単元、月、週、日、一授業時、あるいは一教科、一領域ごとのいわば部分計画の両方を指すが、狭義では、前者（全体計画）のみを教育課程と称し、後者（部分計画）を指導計画と称し区別することが多い。

　近年、教育目標、教育内容、教育方法、教材・教具、さらに教育評価も含む、教授・学習活動の総体を意味するものとしてとらえる傾向が見られる。これはカリキュラム開発（curriculum development）に関する事業が一つの契機になっており、教育課程の編成（計画）―展開（実施）―評価―改善という一連のサイクルにおいて教育課程をとらえ、あるいはそのサイクル総体を教育課程と考えるものである。

(2) 現行の教育課程

① 幼稚園の教育課程

現行の幼稚園教育要領は平成20年3月に告示され、平成21年度からこれに基づく教育課程の編成が実施されてきている。教育内容は5領域（健康・人間関係・環境・言葉・表現）であり、幼児期において育成したい心情や意欲、態度などを、幼児の発達の側面からまとめたものである。

領域は小学校の教科とは異なるものであることを念頭において、教育課程を編成して指導計画を作成する必要がある。幼稚園では1日の教育時間は4時間を標準としており、しかも毎学年の教育週数は39週を下ってはならないので、時間的配当を十分に考慮しながら各園独自の教育課程を編成しなければならない。

② 小学校の教育課程

現行の教育課程は、平成20年8月に改訂された学習指導要領に基づき、平成23年度から全面実施された（表4-1参照）。

その中で基本的ねらいとして次の3点を挙げている。

表4-1　小学校の授業日数

区分	各教科の授業時数									道徳の授業時数	外国語活動の授業時数	総合的な学習の時間の授業時数	特別活動の授業時数	総授業時数
	国語	社会	算数	理科	生活	音楽	図画工作	家庭	体育					
第1学年	306		136		102	68	68		102	34			34	850
第2学年	315		175		105	70	70		105	35			35	910
第3学年	245	70	175	90		60	60		105	35		70	35	945
第4学年	245	90	175	105		60	60		105	35		70	35	980
第5学年	175	100	175	105		50	50	60	90	35	35	70	35	980
第6学年	175	105	175	105		50	50	55	90	35	35	70	35	980

備考　1　この表の授業時数の1単位時間は、45分とする。
　　　2　特別活動の授業時数は、小学校学習指導要領で定める学級活動（学校給食に関わるものを除く）

出典）小学校学習指導要領

1. 教育基本法改正等で明確になった教育の理念を踏まえ、「生きる力」を育成する。
2. 知識・技能の習得と思考力・判断力・表現力等の育成のバランスを重視する。
3. 道徳教育や体育などの充実により、豊かな心や健やかな体を育成する。

小学校の教育課程は、「国語、社会、算数、理科、生活、音楽、図画工作、家庭及び体育の各教科、道徳、外国語活動、総合的な学習の時間並びに特別活動によつて編成する」(学校教育法施行規則第50条)ことになっている。

5・6年生に週1時間程度の外国語活動の時間が設けられ必修となったことは、今回の改訂の大きな要素である。また、授業時数の増加がなされた。国語・社会・算数・理科・体育の授業時数が10％程度増加した。これは前回の学習指導要領がゆとり教育を掲げ、授業時数の減少がなされたが、OECD(経済協力開発機構)のPISA調査など各種の調査から児童生徒の学力低下がみられたことによるものと思われる。

③ 中学校の教育課程

中学校における現行の教育課程は、平成20年9月に告示され、平成24年度から全面実施された。改訂の基本的なねらいは3点で、小学校と同じである。中学校の教育課程は、国語、社会、数学、理科、音楽、美術、保

表4-2　中学校の授業日数

区分	各教科の授業時数									道徳の授業時数	総合的な学習の時間の授業時数	特別活動の授業時数	総授業時数
	国語	社会	数学	理科	音楽	美術	保健体育	技術・家庭	外国語				
第1学年	140	105	140	105	45	45	105	70	140	35	50	35	1015
第2学年	140	105	105	140	35	35	105	70	140	35	70	35	1015
第3学年	105	140	140	140	35	35	105	35	140	35	70	35	1015

備考　1　この表の授業時数の1単位時間は、50分とする。
　　　2　特別活動の授業時数は、中学校学習指導要領で定める学級活動(学校給食に関わるものを除く)

出典)中学校学習指導要領

健体育、技術家庭および外国語の各教科、道徳、総合的な学習の時間並びに特別活動である。

現行の学習指導要領は、前回に比べ授業時数が増加した。国語、社会、数学、理科、外国語、保健体育の授業時数を実質10％程度増やし、総授

表4-3　高等学校の授業日数

教科等	科目	標準単位数	教科等	科目	標準単位数
国語	国語総合	4	保健体育	体育	7～8
	国語表現	3		保健	2
	現代文A	2	芸術	音楽Ⅰ	2
	現代文B	4		音楽Ⅱ	2
	古典A	2		音楽Ⅲ	2
	古典B	4		美術Ⅰ	2
地理歴史	世界史A	2		美術Ⅱ	2
	世界史B	4		美術Ⅲ	2
	日本史A	2		工芸Ⅰ	2
	日本史B	4		工芸Ⅱ	2
	地理A	2		工芸Ⅲ	2
	地理B	4		書道Ⅰ	2
公民	現代社会	2		書道Ⅱ	2
	倫理	2		書道Ⅲ	2
	政治・経済	2	外国語	コミュニケーション英語基礎	2
数学	数学Ⅰ	3		コミュニケーション英語Ⅰ	3
	数学Ⅱ	4		コミュニケーション英語Ⅱ	4
	数学Ⅲ	5		コミュニケーション英語Ⅲ	4
	数学A	2		英語表現Ⅰ	2
	数学B	2		英語表現Ⅱ	4
	数学活用	2		英語会話	2
理科	科学と人間生活	2	家庭	家庭基礎	2
	物理基礎	2		家庭総合	4
	物理	4		生活デザイン	4
	化学基礎	2	情報	社会と情報	2
	化学	4		情報の科学	2
	生物基礎	2	総合的な学習の時間		3～6
	生物	4			
	地学基礎	2			
	地学	4			
	理科課題研究	1			

出典）高等学校学習指導要領

業数は 980 時間から 1015 時間になった。また、週当たりのコマ数を各学年で週1コマ増加した。改訂の要因は、小学校のところで述べた通りである。

各教科等の授業時数については**表 4-2** に示した。

④ **高等学校の教育課程**

高等学校の学習指導要領は平成 21 年 3 月に告示され、平成 25 年度より全面実施されている。改訂の基本的なねらいは 3 点で、小・中学校と同様である。

高等学校の教育課程は「別表第三に定める各教科に属する科目、総合的な学習の時間及び特別活動によつて編成するものとする 」（学校教育法施行規則第 83 条）と定められている。小・中学校の場合は各教科を定めているが、科目の区分は存在しない。これに対して高等学校においては、各教科がそれぞれいくつかの科目に区分されている（**表 4-3 参照**）。

今回の改訂により、現行の学習指導要領では、「全日制の課程における週当たりの授業時数は、30 単位時間を標準とする。ただし、必要がある場合には、これを増加することができる」と明確化している。このことは、週休二日制ではあるが、土曜日も授業が行える要素を含んでいると言える。

(3) 教育課程の編成

教育課程の編成は、各学校において校長を責任者として全職員で組織的に行われるものである。その際、次のような点に考慮して編成していく。

① **教育課程編成の原則**

学習指導要領総則において、教育課程の編成の原則として、次の相互に有機的に関連する 3 つのことを示している。

（a）法令および学習指導要領に示すところに従うこと

公教育の立場から法令により種々の定めがなされている。この法令には、教育基本法、学校教育法、学校教育法施行規則、地方教育行政の組織及び運営に関する法律などがある。法令ではないが、都道府県の教育課程の基準についても十分考慮する。

（b）地域や学校の実態を考慮すること

環境は児童生徒の心身の発達に影響をおよぼす重要な要因であり、指導内容の選択にあたって地域の実態を考慮することは指導効果を

高める上でも望ましいことである。また、学校の物理的、人的環境を生かして教育課程を編成することも同様に指導効果を高めるための原則である。

　(c) 児童生徒の発達段階と特性を考慮すること

　　児童生徒の発達差を考慮するとともに、興味、関心、性格、能力、適性および体験などの個人差を考慮して編成する。

② **教育課程編成の手順**

教育課程の編成には一連の手順が必要である。その手続きの例は「小学校学習指導要領解説（教育課程一般編）」には5項目に分けて示されている。

　(a) 教育課程の編成に対する学校の基本方針を明確にする

　　編成の目的と期限について共通理解を確立する。

　(b) 教育課程の編成のための具体的な組織と日程を決める

　　全教師が参加して編成する組織をつくり、日程を決める。

　(c) 教育課程の編成のための事前の研究や調査をする

　　地域や学校の実態あるいは児童生徒の学力などの実態を調査する。また、他の学校や市町村、都道府県などで行われた研究会や調査の結果や専門書なども参考にして編成する。

　(d) 学校の教育目標など教育課程の編成の基本となる事項を定める

　　各学校が当面する教育課題、教育目標など編成の基本となる事項を定め共通理解をもつ。

　(e) 教育課程を編成する

　　教育内容を選択してその範囲と領域を分類し、時間数との関係も含めて配列していく。

(3) 教育課程の展開と評価

① **教育課程の展開**

教育課程は学校の教育計画であるから、教育課程の展開は学校の教育活動全てであるともいえる。しかし、教育課程が学校における全学年、全領域、全教科にわたる教育内容の全体計画ととらえれば、学年や学期、単元、月、週、日、一授業ごとの計画、あるいは教科や領域ごとの計画のような、より具体的、部分的な指導計画へおろされて展開され、実施されていくこ

とになる。実施においては学年・教科・学級の各意思決定レベルに対応する学年・教科別教師集団または学級担任が中心的主体として位置づけられ展開されていく。

② **教育課程の評価**

評価の段階については二つの側面が考えられる。一つは、教育課程実施後の児童生徒の到達度、その理解・態度・技能などの諸側面の発達状態から教育課程を評価するという、いわば結果の評価である。もう一つは、教育課程編成のための組織、編成の手続き、実施過程の諸条件についての評価、つまり教育課程編成・実施のプロセスの評価である。一般に各学校では、教育委員会作成の学校評価基準・手引きなどを参考にあるいは独自の評価方法により、年度末に自校の教育課程の評価を行っている。その総括的評価を有意義なものとし、次年度の教育課程編成に向けての具体的な改善策を策定するためにも、教育課程実施段階でも軌道修正を行うという継続的な形成評価が望まれる。

2 学習指導要領

学習指導要領は文部科学省が作成する文書で、小・中・高等学校および特別支援学校などの教育内容と教育課程の要領・要点を記したものである。教科書や教材の編集・作成などにも基準的文書として一定の役割を果たしている。幼稚園においては同様の意味合いで「幼稚園教育要領」として文部科学省が作成している。

(1) 学習指導要領が定められる背景

学校教育は公教育として行われるものである。このことについて教育基本法第6条では「法律に定める学校は、公の性質を有するものであって……」と規定している。このことから学習指導要領が定められる根拠として、次の点をあげることができる。

① **全国に同一レベルの教育水準を確保するため**

わが国では、憲法第14条第1項の「法の下の平等」、第26条第1項の「教育を受ける権利」を踏まえ、教育基本法第4条では、「すべて国民は、

ひとしく、その能力に応じた教育を受ける機会を与えられなければならず、人種、信条、性別、社会的身分、経済的地位又は門地によって、教育上差別されない。」と規定している。

ここでいう機会均等とは、単に学校施設を利用するための機会均等だけではない。学校で受ける教育内容についても、機会均等を確保することが要請されている。つまり北海道から沖縄県にいたるまで、どの都道府県の学校で教育を受けても同一水準の教育が保障される必要があるのであり、そのため国として学習指導要領を定めることになる。

② 法の内容を補充するため

学校教育法第33条では、「小学校の教育課程に関する事項は、第29条及び第30条の規定に従い、文部科学大臣が定める」とされ、また学校教育法施行規則第52条では、「小学校の教育課程については、この節に定めるもののほか、教育課程の基準として文部科学大臣が別に公示する小学校学習指導要領によるものとする」と規定されている（中・高等学校についても同様規定）。

このように学習指導要領は、学校教育法や同法施行規則など法的根拠に基づいて告示されるものであり、実質的に法の内容を補充していることになり、法的拘束力を有するものである。したがって各学校では、学習指導要領に示されている基準に従って教育課程を編成し、実施することになる。

この学習指導要領は、上記のほかに学校教育の主たる教材となり使用義務のある検定教科書の検定基準となり、また児童生徒の指導要録の学習指導の評価のねらいや観点を決める際の基準となるものである。

なお学習指導要領（幼稚園については教育要領）は、小・中・高等学校の校種別に定められており、小学校の学習指導要領は、以下の6章から構成されている。

第1章 総則、第2章 各教科、第3章 道徳、第4章 外国語活動、第5章 総合的な学習の時間、第6章 特別活動。

また、中学校の学習指導要領は次の5章から構成されている。

第1章 総則、第2章 各教科、第3章 道徳、第4章 総合的な学習の時間、第5章 特別活動。

第4章 教育課程 47

図4-1 学習指導要領の変遷

昭和 年	小・中学校	高等学校
20		
	学習指導要領（試案）	新制高等学校の教科課程に関する件
	一般編の発行　昭22・3・20	通達　昭22・4・7
	実施　昭23・4	
	学習指導要領　　全面改訂	学習指導要領　　全面改訂
	一般編の発行　昭26・7・10	発行　昭26・7・10
30	社会科編改訂　発行　昭30・12	学習指導要領　　全面改訂
		発行　昭30・12・5
		実施　昭31・4（学年進行）
	学習指導要領　　全面改訂	学習指導要領　　全面改訂
	告示　昭33・10・1	告示　昭35・10・15
	実施	実施　昭38・4（学年進行）
	小学校　昭36・4（道徳は昭33・10）	
	中学校　昭37・4	
40	学習指導要領　　全面改訂	学習指導要領　　全面改訂
	告示	告示　昭45・10・15
	小学校　昭43・7・11	実施　昭38・4（学年進行）
	中学校　昭44・4・14	
	実施	
	小学校　昭46・4	
	中学校　昭47・4	
50	学習指導要領　　全面改訂	学習指導要領　　全面改訂
	告示　昭52・7・23	告示　昭53・8
	実施	実施　昭57・4（学年進行）
	小学校　昭55・4	
	中学校　昭56・4	
60		
	学習指導要領　　全面改訂	学習指導要領　　全面改訂
平成 年	告示　平元・3・15	告示　平元・3・15
	実施	実施　平6・4（学年進行）
	小学校　平4・4	
	中学校　平5・4	
10	学習指導要領　　全面改訂	学習指導要領　　全面改訂
	告示　平10・12	告示　平11・3
	実施	実施　平15・4
	小学校　平14・4	
	中学校　平14・4	
20	学習指導要領　　全面改訂	学習指導要領　　全面改訂
	告示	告示　平21・3
	小学校　平20・8	実施　平25・4
	中学校　平20・9	
	実施	
	小学校　平23・4	
	中学校　平24・4	

(2) 学習指導要領の変遷

　学習指導要領は、社会の変化、時代の要請などに応じ、また実施の経緯などを考慮して、これまでほぼ10年ごとに改定されいる（図4-1）。現行の学習指導要領は平成20年と21年に改定されたものである。

　学習指導要領は、これまで文部科学大臣の諮問機関である教育課程審議会がその基準づくりを行ってきた。半世紀にわたり30回を超える答申を行い、わが国の初等・中等教育の教育課程の充実改善に大きな役割を果たしてきたが、平成13年の中央省庁等改革で、中央教育審議会に統合された。

　学習指導要領は法的拘束力を有するが、記載されている内容は大綱的なものであり、教師による創造的かつ弾力的な教育の余地や、地方ごとの特殊性を反映した個別化の余地も十分に残されている。今回の改定では規制緩和の流れを受け、その傾向はさらに顕著である。現場の教師および教師集団の教育力が問われる時代であるといえる。

【参考文献】

1　文部科学省（編）「小学校学習指導要領」大蔵省印刷局、2008
2　文部科学省（編）「中学校学習指導要領」大蔵省印刷局、2008
3　文部科学省（編）「高等学校学習指導要領」大蔵省印刷局、2009
4　佐藤弘毅・谷田貝公昭（編）『教育学概論』（改訂版）酒井書店、2000
5　安彦忠彦他（編）『新版　現代学校教育大事典　2』ぎょうせい、2002
6　谷田貝公昭・林邦雄・村越晃・前林清和（編）『チルドレンワールド』（改訂版）一藝社、1999

第5章　授業理論と授業の設計

1　授業理論

（1）直接的な教育手段と間接的な教育手段

　授業は、教師一人では成り立たず、子どもだけでも成り立たない、相互の関係のうちに生ずる活動である。つまり授業には、教師が教えるという面と、子どもが学習するという面があり、その両面を媒介するのが教材である。教師は教材を媒介として子どもを教育し、子どもは教材を媒介として学習するのである。

　そしてこうした授業の中で子どもたちは、説明や発問、または指示を受けたり、称賛、叱責、処罰などの働きかけを受けたりといったように、教師からの直接的な影響を受けている。しかしそれだけでなく、子どもたちは、彼らのおかれているさまざまな状況からも間接的に刺激を受け取っている。例えば、子どもたちが自主的に情報を収集する中でさまざまな知識を学び取ったり、グループによる話し合いなどから新たなヒントを得たりするのは、この種のものである。

　かりに一方の極に教師の直接的な働きかけを重視する授業の形態を配置し、他方の極に子どもがおかれている状況から出てくる間接的な刺激を重視する授業の形態を配置すると、通常の授業は、この両極を結ぶ線上のどこかに位置し、状況に応じて両極の間をダイナミックに変動していくものと考えられる。

　ガイスラー（Geißler, Erich E., 1928- ）は、直接的な教師の働きかけを重視する授業と、間接的な刺激を重視する授業とを便宜的に区別し、その

図 5-1

直接的な教育手段(称賛・叱責・処罰)

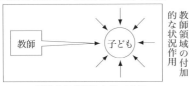

推進力は教師から出てくる。
(教育領域の状況は作用を変化させる。)

間接的な教育手段(遊び・労作・競争心)

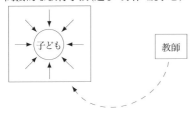

推進力は状況から出てくる。
(教師が状況を発生させる。)

(出典)Erich E. Geißler, *Erziehungsmittel*, Bad Heilbrunn: Julius Klinkhardt, 1982. p.33.

違いを、図 5-1 のように示している。

ちなみに、この直接的な教育手段を重視する授業の類型には、

① 系統学習
② プログラム学習
③ 完全習得学習

があり、間接的な教育手段を重視する授業の類型には、

① 問題解決学習
② 発見学習
③ 範例学習
④ オープン教育

がある。

以下、この授業の類型を個々に見ていくことにしよう。

(2) 直接的な教育手段を重視する授業の類型

① 系統学習

系統学習は、子どもたちの自発的経験だけでは十分な学習内容が得られないという立場から出発し、人類が長い歴史の中で得てきた経験すなわち文化を、発達に合わせた内容や方法で順序立て組織的に学んでいくやり方である。教科別のカリキュラムが実施されている限り、授業は、基本的に系統学習として行われているという見方もできる。そして系統学習は、科学の成果を積極的に取り入れてきたために、科学と教育を結びつける役割を果たした。しかしこの系統学習に対しては、知育と徳育が分離しがちになるということ、また子どもたちの日々の生活の必要や要求を軽視しがちになるという指摘もある。

② プログラム学習 (programed learning)

プログラム学習は、心理学者スキナー(Skinner, B.F., 1904-1990)の提案に基づいている。この学習の原理は、自発的な反応が起こったときにそれ

を強化すると、次にその行動が生ずる確率も高まっていくという考え方である。そしてこの学習の特徴は、学習の個別化と適正化である。つまりこの学習は、教師がプログラムを直接提示しはするが、個々の子どもたちは適時自分の学習が正しかったかどうかを確かめ、自分のペースを守ることができるのである。一般にこの学習は5つの基本原理があるといわれる。

それは、①積極的反応の原理、②即時確認の原理、③スモールステップの原理、④自己ペースの原理、⑤学習者検証の原理、といったものである。

ちなみに学習のプログラムには、全ての学習者が同じ道筋をたどる直線タイプと、学習者の反応によって教材が変わる分岐タイプがある。いずれの場合にも、学習の成果はプログラム開発の成果に大きく依存している。

③ 完全習得学習（mastery learning）

完全習得学習は、ブルーム（Bloom, B.S., 1913-1999）らによって提案された授業の類型で、授業を受けた子どもたちの95％が完全に学習内容を習得することを目標としている。その考え方の基本は、能力の低い子どもでも時間をかけたり条件を整備したりして取り組めば、能力の高い子どもと同じ課題を学習することができるということ、つまりどのような子どもでも、個々に応じた指導によって同じ課題を解くことができるということである。

しかも完全習得学習の特徴は、プログラム学習のように個別授業の形態ではなく、一斉授業の中で実施できるということにある。当然そのためには、ある単元の学習が開始される前に、個々の子どもに対して、その単元の学習が可能かどうかを診断し、もし不足している学習があれば、それを補修していく必要が出てくる。そして実際に授業が展開されるときでも、個々の子どもの習得状況を「形成的テスト」によって把握しながら、一人一人に働きかけ、小グループによる協力学習を経て、最終的に「総括的テスト」によって評価するという手順がとられることになる。

ブルームに従えば、こうした完全習得学習のためには、次の条件が関係しているという。①特定の種類の学習に対する適正、②授業活動の質、③授業内容を理解する能力、④学習者の根気、⑤規定学習時間、である。

いわゆる「落ちこぼれ」を出さないための授業形態として、完全習得学習は考案されたともいえよう。

(3) 間接的な教育手段を重視する授業の類型

① 問題解決学習 (problem solving learning)

問題解決学習は、教師が与えた課題を子どもたちが学ぶというよりも、現実生活の中で起こる必要や要求、つまり生活にかかわる問題の意識から出発して、子どもがそれを主体的に解決していく学習の仕方である。この学習が出てきた背景には、学校は往々にして子どもの生活から乖離した学習過程を実施することになり、結局のところ学んだものが現実生活の中に生かされない方向に傾くという批判がある。そしてまた、現実社会の諸問題は必ずしも解決された問題ばかりではなく、これらの問題に子ども自身も主体的にかかわっていくべきだという主張が関係している。

基本的には問題解決学習は、①問題意識の発生、②問題の整理、③解決方法の模索、④最も妥当な解決の推理、⑤検証、という過程をたどっていく。未来に向けての未解決な問題に取り組む姿勢が求められている現在、この学習を取り入れる重要性は大きいといえる。

② 発見学習 (discovery leraning)

理論や規則、法則を教師から情報として受け取るのではなく、理論や規則、法則が発見された過程を子ども自身がたどる学習の仕方が発見学習である。もちろんこの学習は、人類にとって未知の規則や法則を子どもが発見することを期待するものではない。むしろ規則や法則の発見者がとった道筋を、発見者と同じように—しかし無駄な回り道をするのではなく—たどることで、子ども自身が初めて発見したかのように導く学習である。それは、子ども自身に発見者と同じ喜びと知的探求心を与える。

この発見学習は、問題解決学習よりも効率的であり、系統学習よりも子どもの自主性を重んじて、能動的に課題とかかわらせていくことができるので、いわばこの双方の弱点を克服した学習の仕方だと見なすこともできる。

しかし発見学習は、問題を把握し、問題解決のための仮説を導き、仮説が正しいかどうかを検証する知力、態度、ある程度の技術力の習得が不可欠であり、教師による注意深い援助が何よりも必要となる。

③ 範例方式 (Das exemplarische Verfahren〔独語〕)

範例方式は、学習課題が過多になり過ぎ、何が重要かが子どもに伝わり

にくくなっている学校教育の現状の中で、それを克服するための一つの手段として1950年代にドイツで提唱されはじめた授業の仕方である。ちなみに範例（Exemplar）とは、見本、サンプル、手本などを意味する。

　この範例方式の特徴は、多くの知識や概念の中から、より基礎的なもの、より本質的なもの、より根源的なものを選び出し、それを徹底的に学ぶことにより、記憶力よりも理解力を育成することにある。この範例方式は、通常、次の過程を経る。①個別的なものが提示されて、それに関する事実関係の本質が明らかにされる段階、②複数の個に共通する類や属が理解される段階、③個々の類や個々の属に共通する法則や関連が理解される段階、④法則や関連の意味が理解される段階。

　こうした過程をたどる範例方式は、演繹的であるよりは、帰納的な学習方法であり、具体的な事項から、抽象化され内面化された事柄にまで進む学習の方式である。

④ オープン教育（open education）

　一般には、オープンスクールで行われている教育の仕方を意味する。オープンという名がつけられているとおり、開かれた教育のあり方で、学校の一般的な特徴であるクラス編成、学年、教科、時間割、担任制、授業の開始・終了時間などにこだわらず、個々の子どもに合わせた教育の仕方である。つまりオープン教育とは、子ども一人一人の個性、個人差を前提とし、既成の学校の取り決めから全く自由な教育のあり方だといえる。通常、オープンという言葉には次のような意味がこめられている。

　①学年制にとらわれない（無学年制）、②１クラス１人の担任制にこだわらない（ティーム・ティーチングの採用）、③既成の教科名にとらわれない（統合的な教科課程）、④決められた時間にとらわれない（時限枠の自由化）、⑤教師の権威に固執しない（権威を否定し教師と子どもが友好的な関係を築く）、⑥開かれた学校組織（ボランティアの協力を得るなど、地域に開かれた授業のあり方）。

　いずれにしてもオープン教育の考え方の根底には、徹底して子ども自身を尊重し信頼するという信念がある。

2 授業の設計と方法

(1) 授業の設計

　古くから授業を実施するにあたって、授業計画を立てたり学習指導案を作成することは教師の重要な課題であった。授業計画や学習指導案の作成は、広義の授業設計の一部であったともいえる。しかしこうした授業計画や学習指導案は、しばしば一教師の計画として留まり、他者がその計画を有効に利用できなかったり、その場限りの断片的な活動として終わってしまうことも全く無いとはいえなかった。

　こうした反省を踏まえて、授業の効果・有効性を次第に高めていき、基礎的条件が同じであれば、他者も利用可能な計画として練り上げていくことが本来の意味での授業の設計（instructional design）である。

　そして授業の設計の特色は、授業が仮説と検証のかたちで把握されることにある。あるAという特性をもった子どもにBという授業を行えば、Cという学習結果が成立する、という仮説を立て、それを検証することができれば、誰でも、同じ特性をもった子どもに対して授業で同一の結果を得ることができるというわけである。つまり授業の設計は、授業の成果を偶然に任せるのではなく必然性にまで高め、同じ前提に立つ限りでは誰もが同じ成果を得ることができるような規則性・法則性を見つけるということ、そうした成果を多くの教師たちが共有することを目指している。授業の設計とは、まさにデザイナーの仕事であって、外に対して開かれた活動なのである。

　マネジメントシステムの用語として、PDCAという言葉がある。それは、P = Plan（計画）、D = Do（実行）、C = Check（評価）、A = Action（改善）の4つの活動が円環的に実行され、業務の成果が高められていくことを意味する。そしてこれと同じように授業の設計も考えれば、①授業計画の段階、②授業実施の段階、③授業評価の段階、④授業改善・調整の段階、という順番になるだろう。そしてもちろん①の授業計画には、授業目標の設定、学習者の予備調査、授業内容の決定といった要素を含むことになる。

(2) 授業の設計の方法

　授業の設計について沼野一男は、図5-2のように(A)教授目標の設定、(B)教授目標の明確化、(C)教授目標の妥当性の検討、(D)目標行動の決定、(E)目標行動の論理分析（形成関係図の作成）、(F)コースアウトラインの決定、(G)教授形態及び方法の決定、(H)教育機器の選定、(I)教授計画の決定（教授フローチャートの作成）、(J)狭義の教授活動、(K)教授活動の評価、といった手順を考えている。この図では、点線で囲ってある部分が本来の授業設計の部分であり、前に戻る矢印は、一度決定されたものが再検討されていくことを示している。

　ここでは沼野のモデルを基本にして、授業の設計の手順をおおよそ6つの段階に分けて紹介していくことにしよう。それは、①授業目標の明確化と妥当性の検討、②前提行動の明確化、③論理分析と授業進路の決定、④授業形態、方法、教育機器の選定、⑤授業活動、⑥授業活動の評価、といった段階である。

① 授業目標の明確化と妥当性の検討

　授業目標は、学校教育法などの各種法規や学習指導要領、学校教育計画、子どもの学年、学習状況などの諸要素を勘案して設定される。しかし、通常、学習指導要領に記載された目標などは、授業の成果として客観的に検証できるだけの具体性をもって記述されているわけではない。

　授業の設計で重要なのは、実際に授業の目標が達成されたのかどうかを検証可能な程度に、目標を具体化することである。そ

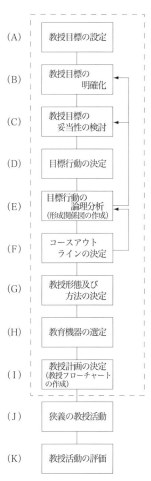

図5-2

（出典）沼野一男『授業の設計入門―ソフトウェアの教授工学』18頁　国土社　1981

してそれには、その目標についてどの人間が見ても達成したかどうかの基準が一致するような行動のあり方として記述することが重要である。通常それは、「授業後に期待される子どもの行動」というかたちでの記述になる。そしてその目標行動は、条件をつけて限定されたものであればあるほど、より明確なものとなる。例えば、社会科の授業で、「民主政治について説明できる」という目標を設定したとしても、それは教科書を参照しながらでいいのか、自分のノートを見ながらなのか、あるいは全く何も参照しないのか、その条件次第で目標の難易度が変わっていくことになる。

　しかしもちろん授業の目標は、明確さという条件だけを満足させればよいというものではない。その目標がその時間に設定されることが適当であるかどうかの妥当性も問題になる。また授業が一定の時間の制約の中で実行される以上、無制限に特定の目標ばかりに固執することもできない。当然必要性という基準から、個々の授業時に最優先されるべき目標行動が吟味されなければならない。

　② 前提行動の明確化

　授業の目標行動が設定されると、次に問題になるのは、前提行動である。それは、子どもが目標行動に到達できるために前提となる子どもの行動である。もちろんそうした前提行動を明確化する必要があるのは、その目標に達成するための前提行動が授業の前に形成されていなければ、いかに熱心な授業を行ったとしても、効果的に目標を達成することは不可能になるからである。

　しかしそれならば、子どもたちの前提行動はどのようにして把握されるのだろうか。確かに教師は、子どもたちの家庭環境、生育歴、知能や性格、学習経験などをなるべく細かく知っておくことが望ましい。しかしそれらの全てを教師が完全に把握することなどできることではない。現実的には、子どもがどこまで学習してきたのか、学習経験の状況を把握するということが中心になる。

　③ 論理分析と授業進路の決定

　普通、目標行動は複雑な行動である場合が多く、その目標行動が可能になるためには、いくつかの下位目標行動の形成が必要になる。そしてそのいくつかの下位目標行動の間に序列をつけ、子どもに学ばせる順序を決定

していくことで、授業の進路が計画されていく。つまり上位目標が達成されるための条件を行動のかたちで書き出して、それを序列化し、授業の順序に組み入れていくのである。そのために通常、目標行動の論理分析が行われる。論理分析とは、Aという行動が形成されていなければ、Bという行動ができないという「形成関係」を分析していく手段である。論理分析によって目標行動が可能になるための下位目標行動の全てを洗い出し、その全部、あるいは必要ないくつかの下位目標に順列をつけていくのである。

④ 授業形態、方法、教育機器の選定

次に重要になるのは、どのような授業形態が一番有効であるかを考え、授業方法や教育機器を選択していくことである。ここでは特に授業形態の選択について述べることにする。

一斉授業は、効率よく同じレベルの知識や技能を伝達するために開発された形態ではあるが、個々の子どもの個人差、学習能力の差を考える限りでは、必ずしも効率のよい形態とはいえない。能力の高い子どもは学習の進展が滞り、能力の低い子どもは授業についていけない可能性が出てくるからである。そこで能力別編成の授業も考慮されるべきである。しかし能力別編成の授業は、子どもたちの間に差別感を生み、ますます学習の達成度に差が出る可能性を秘めていることも注意すべきである。

では、グループ学習はどうであろうか。確かにこの授業形態は、自分とは異なる異質な意見や見解に子どもが出会うことのできるきわめて貴重な経験を与える。しかしグループ学習を行えさえすれば、授業が効果的に進むわけではない。グループのメンバーに協調的な雰囲気が生まれなければ効果的な授業は期待できないし、特定の知識や技能を身につけることを目標にした授業では、個別指導の方がはるかに効率がよい場合もある。授業の設計という立場で授業形態を選択するならば、個別指導は、相当に効果的な授業形態だと考えられる。

⑤ 授業活動

授業の計画をもとに実際に授業を実施してみるのが、狭義の授業活動である。もちろん大規模な授業の実施の前に、少人数で事前に予備授業を行い、授業の設計に問題がないか修正する段階を設けることもできる。これはトライアウト（try out）と呼ばれる。

⑥ 授業活動の評価

　授業の設計には、授業に対する評価を欠かすことはできない。これは子どもたちの学習の成果を評価・測定することによって、授業の内容・手順が有効であったかどうかを検討するために行われるものであり、いわば教師の自己評価である。こうした評価は、目標達成が子どもの行動を直接見ることによってしか確認できない種類のものであれば、観察という手段が用いられることになる。しかし目標の種類によっては、行動の成果から目標の達成度を評価することができるものもある。ペーパーテストなどの紙面によるもの、作品の提出によるものなど、さまざまな評価が考えられる。こうした評価を実施し、改善点があれば修正することにより、授業の設計はさらに効果的なものへと高められていくことになるのである。

【参考文献】
1　Ted Nunan, *Countering Educational Design,* New York: Nichols Publishing Company, 1983.
2　安彦忠彦他（編）『新版 現代学校教育大事典』ぎょうせい、2002

第6章　視聴覚メディアとコンピュータの活用

　教育におけるメディアの重要性は、近年非常に高まりつつある。特に、教育におけるメディアの活用力の巧拙は、教育効果も左右する。そこで、この章では視聴覚メディアとコンピュータについて、それぞれの発達や種類や、各々のもつ特徴および活用方法などについて述べる。

1　授業とメディア

　視覚からの情報による「伝達」の重要性は古くから注目されてきていた。教育において視覚からの情報を重視したものとしては、1658年のコメニウス（Comenius, J. A., 1592-1670）による「世界図絵」があげられる。これらのことがらが相まって言語だけではなく五感を通して直感できる情報を重視する教育に発展していった。

(1) 視聴覚教育の発達
　日本における視聴覚メディアを活用した教育の歴史は、時代におけるメディアの発達と密接に結びついている。
　1920年代から、16ミリ映画の活用による「映画教育」がはじまり、ラジオ放送が広く認知されはじめた1933年頃には「放送教育」が小学校において始まっている。そして、テレビジョンの出現により1950年代以降、放送教育が視聴覚教育の中心へと進展していった。これらのことから、今では1つの教室に1台のテレビ受像機、1台のラジオ・カセット機が配置されていることにつながっている。

(2) 教育の多様化

　いろいろなメディアの出現が視聴覚教育の発展をうながし、さらに教育における教育方法の多様性を生み出してきた。例えば、テープレコーダーの出現がL．L．(ランゲージラボラトリー)教室の設置を生み、英語の授業方法を大きく変革させたのがその例である。

　しかし、このような教育方法の改革や多様化を生んだ背景となる考え方は、「言語を主たる媒介とした教育」から「五感を活用した教育」への流れであろう。すなわちペスタロッチ（Pestaloggis, J. H., 1746-1827）らによる教育改革の流れであり、さらに視聴覚教育の効果を実証したものとして、第2次世界大戦における、アメリカ合衆国における視覚や聴覚に訴える情報（イメージ）を重視した教育の方法があげられる。ここで用いられた視聴覚メディアとしては、図、絵、静止画（写真）、動画（映画）、スライド、レコードなどである。ここで開発された教育方法が戦後世界に広がり、視聴覚教育の流れを決定づけていった。

(3) 五感による情報の分類と視聴覚メディア

　「五感を活用した教育」で用いる情報を、どのような視聴覚機器で活用するかについて述べ、視聴覚メディアを分類する。以下でいうメディア（括弧内に主なものをあげる）とは、情報を仲介するものとしてとらえることとする。

①視覚情報―動画情報（映画、テレビジョンなど）
　　　　　―静止画情報（図、絵、グラフ、写真、スライド、ＯＨＰなど）
　　　　　―文字情報（プリント、教科書、辞書、新聞、書籍など）
②聴覚情報―言語情報（言葉、コミュニケーションなど）
　　　　　―音声情報（「感嘆」など）
　　　　　―音情報（音楽、物音など）
③触覚情報―点字（点字本、点字案内など）
④嗅覚情報―臭気情報（実験時などの刺激臭など）
⑤味覚情報―味情報（調理実習時の旨味、辛味、甘味、渋味など）

これら以外の分類の方法としては、機器別による分類や、伝達系による分類などがある。

(4) 視聴覚メディアと教育活用のフェーズ

「五感を活用した教育」では、上記のような視聴覚メディアを用いるが、有効な教育を展開する上でメディアのもつ機能を活用するフェーズについて述べる。これらのフェーズは授業づくりのなかで非常に重要な局面（フェーズ）である。効果的な学習の成立のためには、視聴覚メディアを有効に活かした以下のフェーズの組み込みと、各々の視聴覚メディアをいかに効果的に活用できるかが問われる。

①関心・意欲・興味を高めるフェーズ
②課題提示のフェーズ
③情報伝達のフェーズ
④結果提示のフェーズ
⑤評価のフェーズ
⑥フィードバックのフェーズ
⑦ヴァーチャルワールドのフェーズ

①の関心・意欲・興味を高めるフェーズは、「新しい学力観」に立った教育においては、最も重要なフェーズである。授業の導入場面によく用いられる。②の課題提示のフェーズは、授業づくりのなかでも教育目標を提示する場面で必要となる。③の情報伝達のフェーズは、授業のあらゆる場面で必要となる。④の結果提示のフェーズは、教える側ばかりではなく児童・生徒の側からのプレゼンテーションの場面でも重要となることに注意が必要である。また同じように⑤の評価のフェーズでも、自己評価・他者評価・相互評価などの学ぶ側の活動場面と、教える側からの評価の場面でも組み込まれる。⑥のフィードバックのフェーズは、まとめの場面でよく組み込まれる。最後の⑦のヴァーチャルワールドのフェーズは、主として展開の場面で組み込まれるが、導入やまとめの場面でも組み込まれることがあり得る。

教科教育では「発見の追体験」の場面や、「新しい教育観」に立った教育の場面では、シミュレーションやモデリングなどがあり、また「仮説実験授業」などの伝統的な教育方法においても組み込まれている。

2　視聴覚メディアの分類と教育活用の方法

視聴覚メディアの活用に関しては、教える側における活用の場合と、学ぶ側が活用する場合の二通りがある。最初視聴覚メディアは、よりわかりやすい説明のために、教える側が用いるものと考えられてきた。

しかし、「新しい学力観」における人材観では、高い資質のプレゼンテーション能力が求められている。このような現代社会の要請から、学ぶ側における諸活動において、視聴覚メディアを有効に活用する「局面」を設定し、十分な活動を保障する教育課程を編成することが必要である（施設・設備との関連については第 11 章を参照）。

(1)　「視覚情報」主体の画面提示型視聴覚メディア

$$\left[\begin{array}{l}\text{OHP・OHC・プロジェクタ・プラズマテレビ・スライド} \\ \text{プロジェクタ・教材提示システム・デジタルカメラ}\end{array}\right]$$

OHP は「オーバーヘッドプロジェクタ」の略である。この視聴覚メディアは、単純な機能が逆に幸いして誰にでも使いやすい機械であったことから教室に最もよく導入された教育機材といわれている。手軽な操作性と教材を手早く作成できるなどの点からも普及していった。このメディアを教育に活用する際注意する点として、投影画面が真四角となるように調整したり、部屋を少し暗くしたり、暗幕を引くなどの配慮が必要である。よくある失敗として、算数や数学で図形教育を行う際、歪んだ画面で教材を提示した結果、児童や生徒に間違ったイメージを植え付けてしまう事例などがあるので注意することが必要である。

また、OHC は「オーバーヘッドカメラ」の略であり、コンピュータ教室における教材提示システムを構成する場合が多い。教材提示システムには、OHC を設置して実物を提示したり、黒板代わりに手書き「板書」の様子

を配信したりする。また、コンピュータ教室における教材提示システムには、教師用コンピュータシステムが接続されており、コンピュータ画面が「お手本画面」として配信できるシステムになっている場合も多い。

　また、プロジェクタの小型化・低価格化が進んだ結果、普通教室でも手軽に大画面による提示が可能となった。プロジェクタには、OHCを設置して直接カメラにより提示物を撮って提示する「実物教材提示装置」としての活用方法もあるが、ときとしては、コンピュータからの入力信号と切り替えて、OHPを活用したような提示が可能なプレゼンテーションソフトを用いて、提示する場合もある。しかし、コンピュータ用のプレゼンテーションソフトを用いた場合、OHPでは実現が難しかったアニメーション表示や音楽・音声や動画をも組み込むことができる「マルチメディア」活用ができるなど、OHPをはるかに越えた表現ができるようになってきている。プロジェクタを使って提示する際も、投影画面の形は重要である。児童や生徒に誤ったイメージを植え付けないように注意する必要がある。また、プロジェクタのＡＶ入力端子にOHC以外にも、ビデオやDVDなどの機器を接続して大画面に提示可能である。

　スライドプロジェクタは、少し前までは大画面提示型の視聴覚メディアとしてよく活用されていた。しかし、前述したようにコンピュータのプレゼンテーションソフトで、スライド以上の情報提示が可能になった現在では、スライド作成の手間や経費面からあまり使われなくなりつつある。

　そして、新しい視聴覚メディアとして大画面への精細な提示が可能なプラズマテレビがあげられる。プラズマテレビは現在各教室に配置されているテレビ受像機にかわるものとして注目されている。

　これらの大画面、あるいは目前の画面へ情報を提示するタイプの視聴覚メディアの特徴は以下のようにまとめられる。

①視聴者が大人数のプレゼンテーションにも対応できる。
②大画面型の視聴覚メディアの場合、プレゼンテーターと視聴者が対面する配置が可能であるので、ラポールが高まりアイコンタクトも可能で、視聴者の反応をフィードバックしながらのプレゼンテーションが可能である。

大画面型視聴覚メディアについての注意事項は以下のようである。

a．文字の大きさに注意する。特に広い会場ではサブの画面も配置されるので、会場で実際の見え具合を確かめること。
b．文章は箇条書きを基本として、要点を的確に表示すること。読んでもらうような文章を書かないように注意することが大切である。

　文字の大きさや色彩やビジュアルな表現に関しての注意は、以下のとおりである。プレゼンテーションソフトを用いた場合は、「テンプレート」と呼ばれる、デザイナーが適切な配色や文字の大きさ・配置をデザインしたものが用意されているので、比較的適切に見やすい表示が可能となる。一方OHPの場合はトラペンシート（邦語、通称「トラペン」英トランスペアレンシー：transparency）に直接記述する必要がある。そこで、文字の大きさに注意する必要が生じる。標準的には1行あたり横に16文字程度、行数は8行程度にしておくとよい。またカリキュラム構成を考える上で、教室で学ぶ側が発表する局面の前に、プレゼンテーションに関する基本的な指導局面を配置することが必要である。また、トラペンシートへの筆記具には水性と油性がある。水性は後で濡らしたティッシュ等で消すことができる。油性で書いた部分は残るのでそれぞれの特徴を生かした表現を考えることができる。
　デジタルカメラは、直接プロジェクタに接続して撮ってきた写真を提示することができる。これらは、教材を自作したり、学ぶ側が発表したりする局面でも非常に有効な機能である。

(2)「聴覚情報」主体の音声・音提示型視聴覚メディア
　　［CD・テープレコーダー・ラジオ］

　聴覚情報を主体とした視聴覚メディアは、はじめに述べたように「放送教育」としてのラジオの活用が端緒となり、発展していった。ラジオの学校放送教育については、現在でも重要な位置を占めている。また、テープレコーダーの活用については、外国語教育や音楽科における教育活用があ

る。これらの活用方法の始まりはレコードであったが、現在ではCDになっている。また、バックグランドミュージック的な活用としては、体育科の運動時や校内行事における音楽などがある。いろいろな聴覚メディアの出現は、教育における教育方法にも多様性を生んできたが、特徴的なものとしてはテープレコーダーの出現から、英語の授業方法を大きく変革させたL. L.（ランゲージラボラトリー）教室の設置がその例である。

また、テープレコーダーは自作教材の作成も可能である。またデジタルシステムの発達でCDも自作できるようになった点で、これらの使い方ばかりでなく、自作する技術や理論についても精通している必要がある。

3　コンピュータの活用とマルチメディアおよび教育活用の方法

視聴覚情報を統合したメディアとして、映画やテレビやビデオ・LD・DVDなどがある。これらのメディアはデジタルシステムの発達から、コンピュータを用いたデジタル情報統合システム「マルチメディア」としてまとめることができる。

(1) 視聴覚情報を統合した視聴覚メディア
［映画・テレビ・ビデオ・LD・DVD・テレビ会議］

テレビは、現在ではほとんどすべての教室に配備されており、学校放送番組を視聴する視聴覚教育が長らくなされてきている。これらの学校向放送は日本放送協会が中心となったものがある。また、生涯教育の観点から放送大学をはじめ民間によるものもある。現在は地上波だけではなくBSやCSによる放送も行われている。今では、コンピュータとの連携をはかった番組づくりも行われている。また、ビデオデッキも各教室に配備されている場合も多く、放送教育を補完する働きも併せもっている。ビデオと同様の機能を果たすものとして、少し前はLD（レーザーディスク）があり、現在はDVDになっている。今後、視聴覚メディアの本質的な活用面に関して二つの面がある。すなわち、あまり変化はないと考えられる面と非常に

変わっていくであろうと考えられる面である。またメディア自体の入れ替わりもあり得る。

　大きく変わった点として、映画・テレビといった従来自作が難しかったメディアについても、デジタルシステムの発達から、学ぶ側がメディア制作の実際を体験することも可能となった。また、教える側が教材を自作する際にも、高い知識やスキルまたは高価な機材も必要としないデジタルシステムとしてのコンピュータを活用した「ノンリニア編集（通称デジタル編集）が可能となったことから、「コンテンツ（内容）」作成力が、何にも増して大切となってきている。

　また、NTT の「フェニックス」を用いたテレビ会議やインターネットを用いた Web カメラの活用、またその他の民生用システムなど双方向性をもった視聴覚統合メディアの教育への導入も一般化しつつある。

(2) デジタル情報（コンピュータ）とマルチメディア

　前項で述べた「視聴覚情報を統合した視聴覚メディア」として、コンピュータの活用があげられる。今まで視聴覚情報を統合してコンテンツを作成するためには、多くの人手と高価な専用の機器を組み合わせた作成・編集システムが必要であった。しかし、デジタルシステムの発達により、コンピュータ上で文字（テキスト）・静止画（図、絵、写真）・動画・音声・音が、デジタル情報として統一して扱えるようになった。この結果、十分個人でもコンテンツの作成が可能となってきている。ただ、このような情報を統一して扱えるだけではマルチメディアとしてはいけない。「マルチメディア」の要件としてインタラクティブ（双方向性）が大切なのである。

　また、インタラクティブの際、同時性が非常に重要な意味をもつ。今「総合的な学習の時間」を中心にして、教科活動でもインタラクティブで、かつ同時性をもった教育方法として「テレビ会議」が非常に多く用いられている。

(3) コンピュータを活用した教育の方法

　OHP やテープレコーダーなどは、単機能であるので、授業や学ぶ側の活用に関してイメージすることは、非常に容易といえる。一方、コンピュー

タは汎用性があり、教育活用のイメージがしにくい。そこで、コンピュータの教育活用に関して特に重要な点は、コンピュータがあるから教育に活用してみようという姿勢を決してとってはならないことである。ともすれば、このような姿勢をとりがちになる。そこで、コンピュータの教育活用については、以下のどちらの考えに立った教育かをあらかじめ明確にして、カリキュラムを考えなくてはならない。

・コンピュータ「を」教える
・コンピュータ「で」教える

　一昔前は「を」の立場が強調されてきたが、今では「メタ認知」の観点からも、使いながら必要な概念を獲得していく「で」の立場に立ったカリキュラム構成がとられることが多い。しかし、小学校の段階では、「を」の立場に立った「系統だったコンピュータの利用方法」についての基礎を教えるカリキュラムを配置する必要がある。また、中学校においては技術家庭科で必修となっている「情報基礎」の段階で、「で」の立場に立った「系統だったコンピュータの活用方法」について、自ら学ぶカリキュラムを配置しておくことが重要である。

(4) コンピュータの教育活用の発展

　コンピュータの教育活用は「教育のマネージメント面」への活用、即ちCMI(Computer Managed Instruction)から始まり、主に教師の教育活動上の事務処理を支援してきた。その後、教育活動自体を支援するCAI(Computer Assisted Instruction)に進んだ。このとき用いられた「スモールステップ原理」による教育は「プログラム学習」として、一世を風靡した。さらに、イギリスなどのヨーロッパ系におけるCAL(Computer Assisted Learning)として、学ぶ側がより主体的にコンピュータを学習の道具として活用する教育へと発展してきた。しかし、わが国では高い資質をもった教員が一定の教育成果をあげていたことから、この流れは「e-Learning」への流れとなって「遠隔教育」への発展の潮流となっている。
　一方、教室におけるコンピュータの教育活用としては、マルチメディ

アとしての機能を統合したプレゼンテーションシステムや、チームでコラボレーション活動をする「グループウェア」としての活用が主体となってきているので、教員の資質として「ネットワークに関するスキルやリテラシー」および「コンピュータ全体へのスキルやリテラシー」さらに「プロジェクト型学習」に関するコーディネート力が求められてきている。

(5) テレビ会議システムを活用した交流学習

教科の時間のおおむね「3割カット」により、各校種で導入された「総合的な学習の時間」は、4つの例示テーマをもっている。

それらは、①環境、②国際理解、③情報、④健康・福祉、である。

これらの例示テーマをプロジェクト解決型学習で自発的に問題解決させる教育を実施する際、教員に求められる資質として、マルチメディアリテラシー、プレゼンテーションリテラシー、コラボレーションリテラシー、そして問題解決リテラシーが要求される。この中で、注目されているコラボレーションにおいては、自校の児童・生徒間のみならず、国際交流・国内交流といった、校外との交流が必然的に必要となってきている。

その際、活躍するのは、コンピュータや視聴覚メディアやネットワークを総合して活用する「テレビ会議システム」である。今後、教員は「テレビ会議」を自由に操って、子どもたちの主体的な「学び」や「問題解決力」の育成を支援していかなくてはならず、この目的に関連する総合的な情報活用能力やネットワーク活用力、そして問題解決力をもたなくてはならないといえる。

【参考文献】

1　情報教育学研究会（編著）『情報化社会で役立つ 情報教育の知恵』パワー社、1997
2　佐々木宏他『インターネットと情報リテラシー――デジタル情報の処理と発信』同文舘出版、1999

第7章　放送教育の授業への適用

1　放送教育の役割

（1）放送教育の歩み

　放送教育の意義は、テレビ・ラジオなどの放送メディアによる学習情報の制作と利用により学校教育、社会教育、家庭教育、さらに生涯教育などにおける教育内容を拡充し、教育方法を改善することにある。放送教育を語るには、まずそのスタートである大正14（1925）年 JOAK、ラジオ本放送開始にさかのぼらなければならない。これが後の NHK ラジオ第一放送である。その後、国民の教育放送に対する要望が高まり、昭和6（1931）年4月に NHK ラジオ第二放送が開始された。これは主として社会教育、成人教育向けで、「青少年講座」「語学講座」「普通学講座」「実業講座」などであった。

　学校放送の開始は、昭和8（1933）年9月に大阪中央放送局からであった。日本の学校放送は世界最大の規模、組織、技術を有しているが、その頃のラジオは逓信省（現在の総務省）の完全な統制下にあり、一方、義務教育は文部省（現在の文部科学省）の完全な統制下にあって、学校放送に手をつけることは、両者の権限の接点に火を点じるような仕事であった。したがって、放送局自体も学校放送に対してはきわめて消極的であり、利用者たる学校もまた、明治以来の教科書万能の教材観に閉じこもって、教室の中にラジオを持ち込もうとする教師を異端視した。そのような難事業に敢然と着手したのが西本三十二であった。彼をして「放送教育の父」（The Father of School Broadcasting in Japan）といわせしめた所以である[1]。

表 7-1　学校放送開始時の放送時間割

時刻＼曜日	月	火	水	木	金	土
7:50～8:00	ラジオ体操	〃	〃	〃	〃	〃
8:00～8:10	小学生の時間 朝　礼					
10:10～10:20		幼児の時間				
11:00～11:10	小学生の時間（尋常1,2年）					
12:05～12:40	学校への音楽（第2放送）	〃	〃	〃	〃	〃
14:00～14:20		小学生の時間（尋常3年）		小学生の時間（尋常4年）		
14:40～15:10		小学生の時間（高等1年）	小学生の時間（高等2年）	小学生の時間（尋常5年）	小学生の時間（尋常6年）	
15:10～15:40	教師の時間		教師の時間		教師の時間	

（出典）NHK総合放送文化研究所（編）『放送教育の研究と理論』17頁　日本放送出版協会　1968

図7-1　1日の総放送時間一覧表

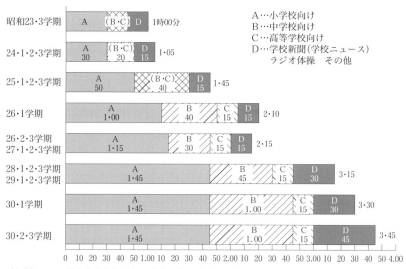

（出典）NHK総合放送文化研究所（編）『放送教育の研究と理論』26頁　日本放送出版協会　1968

当時の放送時間割は**表 7-1** のとおりである。

戦後の学校放送は、昭和 20（1945）年 10 月 22 日に「教師の時間」から開始された。このねらいは戦後民主主義の徹底である。この背景には連合国軍総司令部（GHQ：General Head Quarters）の下部組織である民間情報教育局（CIE：Civil Information and Education）による教育改革指令の一つとして、学校放送再開の要請があったといわれている。

昭和 22 年 3 月、教育基本法が制定され現行の六・三・三・四制が実施され、従来の「国定教科書」が廃止されて、「教科書検定制度」が採用された。このことは学校における教科書が唯一絶対の教材ではなくなり、教材の一つと考えられるようになったと解釈できよう。一方で学校放送の果たす役割が大きくなったことを物語るものである。その当時から昭和 30（1955）年 3 月までの「1 日の総放送時間一覧表」は**図 7-1** のとおりである。

この間、NHK では昭和 25（1950）年からテレビの実験放送を開始していたが、昭和 28 年の本放送開始と同時にテレビによる学校放送もはじめられた。当初はきわめて限られた本数の番組でしかなかったが、昭和 34（1959）年に教育テレビ（現在の E テレ）が開局されるにおよんで、テレビ学校放送番組が飛躍的に拡大された。これに伴い、その後の 10 年間にラジオとテレビの利用率が逆転し、小学校から高等学校までの校種全てにテレビの優位が示された。

（2）放送教育の役割

「教育」という言葉は漢語に起源をもつが、「教える」「育てる」は、やまと言葉である。education という英語はラテン語の educere（導き出す）と educare（導き入れる）にその起源をもつといわれている。つまり、子どもを子どもの世界（古い世界）から導き出し、大人の世界（新しい世界）へ導き入れるのである。言い換えれば、子どもに健やかな変容を促す行為である。これが人間形成である。教育が人間形成のための目的的な実践過程であり、人間の日常生活における基本的な活動であるとの認識から、歴史の中で学校をはじめとする教育制度として組織されてきている。

放送教育も教育制度の一つであるが、むしろ学校教育の補完的な役割が

その多くを占めている。その役割を集約すれば次の3つにまとめられる。
　①教育方法の改善：教科書偏重、反言語主義からの脱出。
　②教育機会の拡大：識字教育、僻地教育、標準（共通）語の普及。
　③生涯教育：社会の急速な変化に対応、語学やコンピュータ学習などの技術学習。

（3）放送教材の特性と効果

　学校放送開始以後の利用率は、テレビやビデオが著しく伸びたのに対して、ラジオの利用率は徐々に減ってきている。また、平成時代に入ってからのテレビ利用率は中学校と高等学校で減少傾向にある。これは教育革新の担い手である教師がコンピュータ教育にシフトしたことが一因と考えられる。

　しかしながら、小学校の利用は90％以上であり、子どもが新しい世界に視野を広げることを可能にする顕著な例といえる。寺島信夫は放送教材に望まれる特性として、次の6つをあげている[2]。
　①番組の中に、何か「新しさ」が含まれていること。
　②具体性を大事にし、明確なイメージを与えることができる番組であること。
　③情緒性を大切にすること。
　④高い芸術性をもたせること。
　⑤正確にして、公正を期すること。
　⑥放送の機能を最大限に生かして番組制作にあたること。

　教育テレビに関する実証的な研究は世界中で膨大な数におよぶが、望ましい利用条件や授業における位置づけが整えば、学習のための道具として著しい効果が期待できる、と報告されている。それゆえに、教室での教師が果たす役割は大きい。

（4）テレビ番組の利用形態

　テレビ番組の利用形態としては「ナマ・丸ごと・継続」利用と「録画」利用がある。前者は番組が放送される時間に教室で視聴し、これを継続的に利用するものである。小学校で比較的多く用いられている方法である。後者は番組をいったん録画しておいて後日に利用する。中学校と高等学校におい

て一般的である。この利用形態に関して「放送学習」(basic presentation型）対「放送利用学習」(enrichment program型）という論争があった。

「放送学習」の立場は、「ナマ・丸ごと・継続」利用することによって内容学習だけでなく、放送というメディア自体の表現特性を学習（メディア・リテラシー）したり、番組をナマで視聴することによる情意的効果や学習動機を促すことを期待している。

これに対して「放送利用学習」の立場は、番組の内容そのものに着目し、その番組を教材の一つとして丸ごと、あるいは一部を教師の授業計画と学習目標とのかかわりの中で位置づけようと考える。言い換えれば、前者は番組を「目的的」にとらえ、後者は番組を「道具的」にとらえる傾向がある。

1970年代に入ってからは、これらの利用に加えて授業活動をより効果的にするために、複数のメディアを組み合わせて利用する形態が登場した。「放送利用学習」の立場での放送教育教材を主に利用しながら、別の教材を補充的に使ったり、内容を発展させたりする「メディア・ミックス」である[3]。例えば、小学校6年生の授業で、教育テレビ番組「天下統一」を主メディアとしながら、子どもたちを興味・関心に応じて複数のグループに分け、それぞれのテーマに関連する印刷物や映画、ビデオ、静止画、実物メディアなどを多用に活用し検索的に学習を進める実践がなされた。こうした異なったメディアの組み合わせによる授業展開により、子どもたちには情報活動能力の育成やメディア特性の理解が促進されることも期待されている[4]。

2　放送教育の展開

(1)　新教育課程

平成14（2002）年度から新しい学習指導要領による教育課程が実施された。これは完全学校週5日制の下、ゆとりの中で子どもたちに「生きる力」を育む新しい学校教育を目指したものであった。新教育課程では、豊かな人間性や日本人としての自覚の育成、自ら考える力の育成、基礎・基本の定着と個性を生かす教育の充実、特色ある学校づくり、総合的な学習の時間の新設などが基本に据えられている。この考え方は、平成10年度の教育課程審議会答申の内容が基本となっている。

具体的には次の３項目である⁽⁵⁾。
①自分で課題を見つけ、自ら学び、自ら考え、主体的に判断し、行動し、よりよく問題を解決する能力
②自らを律しつつ、他人と協調し、他人を思いやる心や感動する心など豊かな人間性
③たくましく生きるための健康や体力

これらは日本の古くからの教えである「知・徳・体」に他ならない。21世紀に入ってもなお、バブル経済崩壊後の回復がはかばかしくない現状に加えて、社会の急速な変化に対応し得ない苛立ちが求めた、近未来への温故知新のキー概念でもある。

さらに、目を北米（アメリカ、カナダ）に転じて見よう。アメリカの授業計画論や教育学、あるいは教育コミュニケーション論などの講義やテキストに引用される考え方として「教育目標分類体系（Taxonomy of Educational Objectives）」がある⁽⁶⁾。その中では人間の活動領域として、次の３項目があげられている。
①認知的領域（cognitive domain）：知識の獲得・理解・再生や知的諸能力の発達に関する領域
②情意的領域（affective domain）：興味・関心・態度・価値観など正しい、適切な判断の育成に関する領域
③精神運動的領域（psychomotor domain）：身体全てにかかわる技能的発達に関する領域

上記の二つはきわめて相似的であることが理解できよう。

アメリカ同様に多民族国家であるカナダでは、近年、社会評論家による「カナダ」の再生に必要とされる提言もある⁽⁷⁾。各個人や各集団がそれぞれ己の利益のみを追求し、社会全体を展望できなくなっている状態に必要なバランス感覚を説いたのが、次の４項目である。
①自主的参加
②問題解決能力
③コミュニケーション
④アカウンタビリティ（accountability）

これらは直接に学校教育を前提にしてはいないが、日本の社会教育にとって示唆に富んでいると思う。

(2) 生きる力と放送教育

前述の審議会が答申し、現在の新教育課程の骨子ともいえる「生きる力」についてもう少しその具体案を見てみよう。以下が改革の提案である[8]。

①豊かな人間性や社会性、国際社会に生きる日本人としての自覚を育成すること。
②自ら学び、自ら考える力を育成すること。
③ゆとりのある教育活動を展開する中で、基礎・基本の確実な定着を図り、個性を生かす教育を充実すること。
④各学校が創意工夫を生かし、特色ある教育、特色ある学校づくりを進めること。

これらの項目内容をどのように実践するかは教育委員会、学校に委ねられている。ここでは放送教育との関連で上記の①〜④に関わる提案をしてみよう。

①の課題：「グローバル」が社会を席巻している今日、国際社会を展望する環境、福祉、生命、異文化理解、あるいは多元的な価値を有する情報を内包する番組が求められる。そして、それを「総合的な学習の時間」に利用することが考えられる。

②の課題：これは自己教育力の養成に他ならない。生涯にわたって学習意欲を持続させることである。社会の変革に伴って生きるために新たに必要とする課題を常に学習する意欲・態度・能力が求められる。一例をあげれば、論理的な思考と表現能力の養成である。これは語学教育にのみ限られるものではなく、母語としての日本語の洗練などを含んだパブリックスピーチやディベート、ディスカッションなどに応用されるものである。

③の課題：「ゆとりのある教育活動」は、その実践過程で賛否両論があるが、教師・学校側に戸惑いがあることは否定できない。無から有を生み出すことの難しさでもあろう。提案としては、学校完全5日制に対応する土・日曜日の番組を編成することによって、特に「映像の情動機能」

を応用・重視した内容にする。情動機能とは人の感情を動かす働きである。読書レポート同様に「映像レポート」のような課題を与えてもよいのではないか。

④の課題：「グローバル」に対応する「ローカル」概念の再検討が必要である。特色ある学校、特色ある教育づくりに関する古典的な考え方に、エドワード・G・オルセン（Olsen, Edward G., 1908-2000）

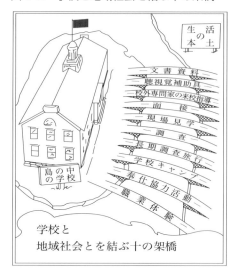

図7-2　学校と地域社会を結ぶ十の架橋

の『学校と地域社会』（School and Community, 1937）がある。彼は、図7-2のような学校と地域社会を結ぶ十の架け橋論を唱導した[9]。

　ここに放送の機能を生かし、地域社会への関心、郷土愛の育成、あるいは地域ボランティア活動などへの導入が考えられる。

　NHKで放映中（1998年～）の「課外活動――ようこそ先輩」などは各界で活躍する人を母校に招いて授業活動をしてもらうのであるが、出色の番組である。また、全国高等学校野球選手権（選抜大会を含む）は、全国放送ではあるが郷土という「ローカル」色を視野に入れているといえよう。

（3）放送教育の新展開

　前述したように日本の放送はその誕生（1925年のラジオ放送開始）から80年の歴史を経ているが、昭和28（1953）年テレビ放送開始、平成元（1989）年衛生放送開始、平成12年衛星デジタル放送開始、平成15年地上デジタル放送開始など、政治、経済、社会、文化、教育など世界中の注目を集める発展をとげている。

本章の結びとして、先述した「教育目標分類体系」の「情意的領域」に関して若干の考察と提案をしておきたい。

近年の多発する青少年の犯罪と自殺率の増加、家庭における幼児虐待などは情意能力の育成・形成が求められる証左でもある。急速に変化する現代社会に生きる力の一つとして、「こころ（心）の不足」

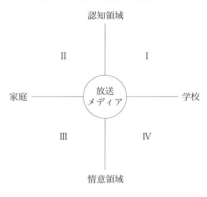

図 7-3　放送番組の内容

が指摘されている。人間には喜怒哀楽をはじめとするさまざまな感情があるが、それを表出する手段としてのコミュニケーション能力不足ともいわれる。人間関係において好き嫌いなどが生ずるのは当然のこととして、それらをどのように自己管理したらよいのか。他者とのコミュニケーションによって生じる感謝、謝罪、恥、罪の意識などをどのように作用させるのか。

近年、IQ（Intelligent Quotient：知能指数）になぞらえて、EQ（Emotional Quotient：心の知能指数）の重要性が指摘されている。それは情動の自己認識、感情の制御、動機づけ、共感性、対人関係能力などである。情意領域に関わる育成とはまさに生きる力そのものではあるまいか。日本文化の特徴といわれる「察し」「遠慮」「思いやり」などを非言語的コミュニケーションとの関連で再検討する必要がある。そこで図7-3を提案したい。Ⅰ～Ⅳの部分にはどのような育成項目が適用できるか。またそれらを放送番組として作成するにはどのような内容が考えられるだろうか。

［注］
（1）日本放送教育学会（編）『放送メディアと教育革新』2頁、日本放送出版協会、1972

　　アメリカのニューヨーク・タイムズが1953年に、西本三十二の学校放送の推進に尽くした一連の業績を讃えてその称号を贈った。彼は「セサミストリート」を日本に紹介してもいる。

(2) 佐賀啓男（編著）『視聴覚メディアと教育』47-48頁、樹村房、2002
(3) 水越敏行・佐伯胖（編著）『変わるメディアと教育のあり方』146頁、ミネルヴァ書房、1996
(4) 佐賀啓男（編著）、前掲書、48頁
(5) 文部省（編）『中等教育資料』11頁、2000
(6) Bloom, B.S. et al. (eds.) Taxonomy of Educational Objectives:*The Classification of Educational Objectiv*es, pp.7-8 , David McKay Company, Inc., 1956
(7) ビビー，R.W.／太田徳夫・町田喜義（訳）『モザイクの狂気――カナダ多文化主義の功罪』259-282頁、南雲堂、2001
(8) 文部省（編）、前掲書、12-14頁、2000
(9) オルゼン，E.G.／宗像誠也・渡辺誠・片山清一（訳）『学校と地域社会――学校教育を通した地域社会研究と奉仕の哲学・方法・問題』小学館、1950

【参考文献】
1　町田喜義「教育におけるメディア利用の歩み」佐賀啓男（編著）『視聴覚メディアと教育』樹村房、2002
2　ＮＨＫ放送文化研究所（編）『20世紀放送史』日本放送協会、2004
3　ゴールマン，D.／土屋京子（訳）『EQ――こころの知能指数』講談社、1996

第8章　教材教具

1　教材・教具

　教育の中で教材・教具といった領域は、教育研究の重要な対象の一つである。
　一般的に教材・教具とは、教育目標を効果的に達成するために選択され、あるいは加工された言語的または非言語的素材であると考えられている。そこで、教材・教具について概観する。

(1)　教材とは
　教材とは何か、といったとき、教育の歴史が教科書中心に進められた歴史であったことから教科書のみを連想しやすい。しかし、戦後は教材に対する視野や選択範囲が広がった。すなわち、教育活動において、一定の目標を達成するためには何らかの媒介を必要とする。その教育の目的に従って、選択された教育の内容が教材である。したがって、何が教材となるかは、教育目的によって変わってくる。また、一般的に教材とは、文化財の中から選択されるものであるが、具体的な児童生徒の生活経験を含むものであると考えられているといってよい。
　教材が体系化され、組織化されなければならないことは、すでに古典的教育学者コメニウス (Comenius, J.A., 1592-1670) によって強調されてきたところである。
　「(1) 総べての学習は、様々な学級に分かって入念に段階づけ、最初に来るものが次に来るものへの通路を開き、且つこれを照らすように配列せ

られねばならない。

(2) 時間を注意深く分割して、各年、各月、各日、各時間が、みなそれぞれの割り当てられた仕事を持つように工夫せられねばならない。

(3) 時間と学習すべき教材との分割を厳密に相連繋せしめて、何物も省略されたり、順序を顚倒されたりすることのないようにしなければならない」[1]。

(2) 教具とは

教材と教具は密接な関係にある。学校の種別によって多少異なった意味があるが、広義には、施設・設備と同義であり、狭義には、黒板や掲示板にはじまって、OHP、ビデオレコーダー、コンピュータ装置にいたる教育機器、視聴覚教材・教具と同義である。

例えば、地方教育行政の組織及び運営に関する法律第23条第7項に「校舎その他の施設及び教具その他の設備の整備に関すること」の規定がある。「校舎その他の施設」とは、高等学校設置基準第15条によれば、「少なくとも次に掲げる施設を備えるものとする。①教室（普通教室、特別教室等とする）、②図書室、保健室、③職員室」であり、「前項に掲げる施設のほか、必要に応じて、専門教育を施すための施設を備えるものとする」とし、第16条では「高等学校には、校舎及び運動場のほか、体育館を備えるもの」としている。

また、幼稚園設置基準第10条では、「学級数及び幼児数に応じ、教育上、保健衛生上及び安全上必要な種類及び数の園具及び教具を備えなければならない」とし、第11条では「備えるように努めなければならない」施設および設備として、次のようなものを挙げている。すなわち「①放送聴取設備、②映写設備、③水遊び場、④幼児清浄用設備、⑤給食施設、⑥図書室、⑦会議室」である。

ブルーナー（Bruner, J. S., 1915-　）は、教える過程の中で教具として使うことのできる装置として、次の4種のパターンを指摘している。

① 代用経験用装置——映画、テレビ、顕微鏡写真映画、スライド、録音機のように、代用的な経験内容を与える道具で、教育内容を豊かにするためのものである。

② 模型装置——本質を可視化することによって、現象の根底にある構造を把握するのに役立つものである。

③劇化装置——現象や観念に対して、児童生徒をより密接に結びつけるように導く効果をもっている。

④自動装置——ティーチング・マシンは、周到にプログラムに組まれている問題または練習題の条例を、一時に一階梯ずつ生徒に提示するもので、特に学習の過程の中で、児童生徒自らが反応確認および訂正強化することができることに、その重要な機能がある[2]。

　これらの教育的装置は、児童生徒が学習しつつある教材の根底にある構造を理解するように助けるのであって、機械が教師に代わろうとするものではなく、また機械が学習を非人間化しようとするものでもない。これらの教具や装置をどれほどたくみに統合していくことができるかという教師の力量と知恵にかかっているのである。

2　教科書とは何か

(1) 教科書の定義

　教科書とは、学校教育において「教科課程の構成に応じて組織配列された教科の主たる教材として、教授の用に供せられる児童又は生徒用図書」（教科書の発行に関する臨時措置法）のことである。また、その使用に関しては、学校教育法第34条に「小学校においては、文部科学大臣の検定を経た教科用図書又は文部科学省が著作の名義を有する教科用図書を使用しなければならない」と定められている。この第34条の規定は、中学校、高等学校、中等教育学校等にも準用されている。つまり、これらの学校教育においては教科書を用いて学習することが義務づけられているのである。教科書は、学習指導要領の内容を踏まえ、児童生徒が学習すべきことがらを組織的かつ効果的に配列しているので、教科指導の中心的な教材となっている場合が多い。教科書の検定に関しては後に述べるが、検定を経た教科書を使用することで、適正な教育内容が維持される、教育の中立性が確保される、といった効果が考えられる一方、検定の問題点も指摘されている。

(2) 教科書の歴史

　近代教育の父といわれるコメニウスは、1658年に世界最初の絵入り教

科書である『世界図絵』を著した。これが世界で最初の教科書といわれている。それ以前は聖書や経典といった難解な文章を暗記することが学問の中心であり、それも僧侶や貴族の子息などの特別な階級の人々だけに限られていた。しかしコメニウスはそれまでとは全く違う立場でこの『世界図絵』を編纂したのである。彼は『世界図絵』の中で、「あらかじめ感覚の中に存在しないものは、何事も理性の中に存在することはない。したがって事物の区別を正しく把握するように、感覚をよく訓練することは、すべての知恵とすべての知的な能弁さ、及び人生の活動におけるすべての思慮にとってその基礎をおくことになる」[3]と述べている。すなわち、絵本によって動物や自然、人々の生活や職業といった事物を、子どもに感覚的に直感させ、教育の効果を上げようと考えたのである。この本はその後のヨーロッパの教科書の模範となっていく。

　わが国では、古代の学校においては中国の書籍を教科書として使用していたが、江戸時代に入るとわが国独自の教科書が編纂されるようになる。これは「往来物」と称され、読み、書き、算盤といった庶民の生活に必要な内容で、寺子屋などで使用される庶民の教科書であった。この時期、武士の子弟は、「漢籍」といわれる全て漢文で書かれた教科書を使用しており、内容も儒教の古典と歴史書などであった。

　明治維新後の1872年、新政府は学制を公布し、全国に学校を設置して教育の普及に努める方針を打ち立てた。はじめのうち教科書は、鎖国による諸外国からの遅れを取り戻そうと外国の教科書を翻訳したもので、その発行や採択は各地域の自由に委ねられていた。

　しかし1890年「教育ニ関スル勅語」が発布されると、教科書も文部大臣の検定を合格したものを使用するようになった。その後十数年、検定教科書の時代が続くが、1902年の教科書疑獄事件をきっかけに教科書は国定化する。1903年以降第二次世界大戦までは、小学校における教科の教材としての教科書は文部省著作による国定教科書が用いられ、全国共通1教科書の唯一絶対性をもつようになるのである。いわゆる教科書「を」教える時代である。

　戦後になり1947年に教育基本法および学校教育法が制定されると国定制が改められ、「小学校においては、文部大臣の検定を経た教科用図書、

または文部大臣において著作権を有する教科用図書を使用しなければならない」と規定して検定制が採用され、その内容も、教科書「を」教える立場から、教科書「で」教える立場へと変換しはじめ現在に至っている。

(3) 法制に関して
①教科書の種類
　教科書には、文部科学省の検定を経た教科書（文部科学省検定済教科書）、文部科学省が著作の名義を有する教科書（文部科学省著作教科書）がある。小学校、中学校においてはこれらの教科書を使用することが義務づけられている。また、高等学校、中等教育学校後期課程、盲学校、聾学校、養護学校、特殊学級で適切な教科書がないなど特別な場合には、この他の図書の使用ができることになっている。

②教科書の検定
　教科書の検定とは、民間で著作・編集された図書について、教科用図書検定基準に基づき教科用図書検定調査審議会の審議を経て、その答申に基づいて行われている。そして、この検定に合格したものを教科書として使用することを認めているのである。教科書の著作・編集を民間に委託することにより、国定教科書のように唯一絶対のものではなく、著作者の創意工夫に期待することができる。同時に検定を行うことで、適正な教科書を確保することをもねらっている。

　しかしながら検定制度に全く問題がないわけではなく、1965年から32年間にわたって争われた家永三郎氏の教科書裁判は憲法論にかかわる大問題にまで発展した。これは、家永氏が執筆した高校の日本史教科書が検定で不合格になったことに対して訴訟を起こし、国や文部省を訴えたものである。「検定」が「検閲」になってしまうことに対する訴えであり、問題提起であったともいえる。この訴訟は、第1次訴訟から第3次訴訟まであったが、3つとも最終的には検定の合憲が認められている。

　教科書の検定は「教科用図書検定基準」に基づいて4年ごとに行われる。現在は平成20年度から実施されている新学習指導要領を踏まえて、いわゆる「発展的な学習内容」が一定の条件のもとで教科書に記述できるように検定の基準改正が行われ、平成25年度検定から適用されている。

③教科書の採択

　教科書の採択とは、学校で使用する教科書を決定することである。採択の方法については、「義務教育諸学校の教科用図書の無償措置に関する法律」によって定められており、採択の権限は、公立学校の場合その学校を設置する市町村や都道府県の教育委員会にある。また、国・私立学校の場合は校長がその権限をもっている。だが実施にあたっては、「市若しくは郡の区域またはこれらの区域をあわせた地区」（「無償措置法」による）を採択地区として設定し、地区内の市町村が共同して同一の教科書を採択する共同採択方式をとっている。ただし、これにより教育現場の意向や地域の特殊性を反映した教科書選びがしづらくなるといった危惧もある。

　これに対し文部科学省は、教科用図書検定調査審議会が2002年に取りまとめた「教科書制度の改善について（検討のまとめ）」の中で、「都道府県教育委員会は、今後とも、各市町村教育委員会の意向等を的確に踏まえ、採択地区がより適切なものとなるよう不断の見直しに努める必要」（第2部－2）とし、採択地区の一層の小規模化を図る取り組みを地方に促している。

④教科書の無償制度

　この制度は憲法第26条で定める義務教育無償の精神をより広く実現するものとして、1963年より施行された。1969年度以降は小・中学校の全学年に教科書の無償給与がなされている。教科書無償制度は、欧米諸国をはじめとして多くの国が採用している。しかしわが国では近年の財政状況の悪化や保護者の教育に対する無関心などを背景に、全面無償を見直すべきだという意見も出てきている。

3　教科書の役割と扱い

　前述のように、日本の小学校・中学校・高等学校・中等教育学校等では、教科書の使用が義務づけられている。そのため、新学年に進級したときにはほとんどの児童生徒が真新しい教科書を手にすることになる。子どもたちは新しい教科書を手にしたとき、進級の喜びと学習に対する期待や意欲を新たにするのではないだろうか。ここに教科書の最初の役割があるといえるだろう。また近年の教科書は、写真やイラストを多く取り入れ視覚か

ら直接訴える工夫がなされているものがほとんどである。それにより実際の学習がはじまる前から、児童生徒の興味・関心をより強く掻き立てる効果もある。このような学年初めの気持ちを維持したまま学習を進めていくことができるよう、教師は授業の組み立てをしていく必要があるといえる。

では、実際の学習に入ってからの教科書の役割にはどのようなものがあるだろうか。

(1) 教育内容の保障

1983年に中央教育審議会が出した答申「教科書のあり方」の中で、教科書は「児童生徒に国民として必要な基礎的・基本的な教育内容の履修を保障するものとして、学校教育において重要な役割を果たしている」としている。また教科書を「児童生徒に国民として不可欠な教育内容を確実に身につけさせる基本的な教材」と位置づけている。つまり教科書は、全ての児童生徒に平等に学習の機会を与えるとともに、学力の水準を保つための教育内容を保障するという役割をもっているのである。

(2) 真実の情報を示す

現代は情報化社会である。近年のインターネットのめざましい発達は、その情報量をさらに膨大なものにしている。多くの児童生徒はその大量の情報に毎日さらされている。それは学習をより広く、深くする効果をもつと同時に、誤った情報を吸収してしまう恐れも併せもっているといえる。児童生徒にとって、どの情報が真実で、どの情報が誤っているかの選択は非常に難しいことなのである。教科書は、このように氾濫した情報の中で、どれが真実で価値のあるものであるかを示し、児童生徒が誤った情報を選択しないための指針となる役割を担っているのである。

(3) 系統的な学習

教科書は、「教科課程の構成に応じて組織配列された教科の主たる教材」であるので、その内容は、基礎から応用へ、単純から複雑へと系統的に配列されている。また、学ぶべき基礎的事項が漏れないように作成されており、その内容が児童生徒の能力によって発展的に学習ができるよう配列されて

いる。そのため無理のない学習を組み立てることができる。

　このようにさまざまな役割をもった教科書であるが、扱い方によってその効果に大きな違いが出てくる。

(4) 教科書「を」教える
　わが国ではその歴史のためか教科書を非常に重要視する傾向がある。かつて国定教科書を使用していた時代には教科書は全国共通、唯一絶対のものであった。しかも戦時下においては、国民の思想を統一する意味もあり、教師は教科書の内容のみを児童生徒に浸透させる役割をもっていたのである。このような場合には、教科書は児童生徒にとって大変強い強制力をもつと同時に、その思想をコントロールしてしまうほどの影響力をもってしまうことになる。国定教科書の時代に教科書は神聖化され、教師は教科書さえ教えていればよいという教科書中心主義が浸透したのである。このように、教師が教えるべきことは全て教科書に書いてあるのだから教師は教科書を教えていればよい、といった教育観をもっている場合、教科書の扱いは、教科書「を」教える、ということになるのである。

(5) 教科書「で」教える
　20世紀の前半、わが国ではデューイ（Dewey, John, 1859-1952）の児童中心主義の教育思想に影響を受けさまざまな「新教育運動」が展開された。しかし戦前という時代のためか、わが国にこの考え方が根づくことはなかった。とはいえ戦後になり教科書が国定制でなく検定制になると、教科書の取り扱いにも徐々に変化が生じてきた。つまり、これまでの教科書中心主義ではなく、教科書は子どもたちが自発的に学習活動を行っていく際の一補助手段として考える教師が増えてきたのである。教科書に支配され、子どもたちに教科書の内容をただ暗記させるというのではなく、教科書を利用することで子どもたちが自発的に学習活動を行って効果を上げる、といった教科書の扱いが、教科書「で」教える、ということである。

　わが国の教師の多くは教科書の内容に満足しており、教科書を教材の中心にしているようである。教科書がそれだけ内容的に充実しているともい

えるが、長い歴史によって教科書に対する意識が固まってしまっているようにも思える。

4 教材研究と教師の力

(1) 教材研究とは

教材研究とは、教科の目標を達成し、より充実した質の高い授業を実現するために行う、教材に関する全ての研究活動のことである。その課程には次のような段階がある。

①教材となる資料の収集

現代は情報化社会であり、さまざまな情報が溢れている。しかし、教師にその意欲がなければ、いかに情報が多くとも教材の収集はできない。児童生徒にとって有意義で、文化的・科学的にも教育的価値の高い教材を収集するには、さまざまな情報に対して常にアンテナを張り巡らせている必要がある。また教師自身が探究心や感性を豊かにもっていることも大切である。さらに、必要に迫られた教材を収集するだけでなく、いつ使うかもしれない教材を集めることも、大切なことである。

②教材の選択

どの資料を選択し教材として使用するかは、何を学ばせたいかという教科目の目標によるだろう。教師が目標を熟知し、教科について高い専門性をもつことで、よりよい教材を選択することができる。また、一つの教材から多くの学びがあるような発展性のある教材を選ぶことも重要である。

③児童生徒の発達を考慮する

どんなによい教材であっても、それを学習する児童生徒の発達を無視してはその効果を十分に発揮することはできない。発達段階にあった教材を、どのように提示するか、どのような言葉で説明するか、児童生徒からはどのような反応が予想されるか、といったことを十分研究する必要がある。これを「教材解釈」ともいう。わが国では、教科書という教材を解釈することが主な教材研究になっている場合が多いが、教材解釈のいかんにより授業の良し悪しが決まってしまうともいわれるので、大切な作業である。

（2）教師の力

人間が人間に教える教授という作業には、教師の力が大きく作用することはいうまでもない。ただしここでいう教師の力とは、単なる学問的な知識のことではない。もちろん専門知識がなくては話にならないが、それと同様に幅広い知識や教養、理解力や感性といったことが重要になってくるのである。つまり豊かな人間性ということである。昔のように、暗記だけの学習であれば教師の人間性はさほど影響しないであろう。しかし現代の学校教育においては、児童生徒の気持ちを理解する力や児童生徒の行動を予測する力がなければ十分な教材研究は行えないのである。何よりも、児童生徒によりよい授業をしてやりたい、という強い意欲が教師にとっての大きな力なのではないだろうか。

［注］
(1) コメニウス／稲富栄次郎（訳）『大教授学』玉川大学出版部、1956
(2) ブルーナー／鈴木祥蔵・佐藤三郎（訳）『教育の過程』岩波書店、1963
(3) コメニウス／井ノ口淳三（訳）『世界図絵』（原著1658年）ミネルヴァ書房、1988

【参考文献】
1　中内敏夫『教材と教具の理論』有斐閣、1978
2　奥田真丈・河野重男（監修）『現代学校教育大事典』ぎょうせい、1993
3　上野辰美『教育方法学序説』コレール社、1991
4　教師養成研究会（編）『資料解説教育原理』学芸図書、1973
5　岩田朝一（編）『教育学概論』学苑社、1978
6　佐藤学『教育方法学』岩波書店、1996
7　柴田義松（編）『新・教育原理』有斐閣、1996
8　平原春好・室井修・土屋基規『現代教育法概説』学陽書房、2001
9　松平信久・横須賀薫（編）『教育の方法・技術』教育出版、1995
10　海後宗臣（監修）『図説　教科書の歴史』日本図書センター、1996

第9章　生徒指導と教科指導

1　生徒指導の原理

（1）生徒指導の本質

　まずはじめに、「生徒指導」の本質は何であるのかを考察する必要があろう。いうまでもなく、学校教育における生徒指導とは、生徒たちの生活全般におよぶ教育的な配慮であり、指導である。学校における生徒指導の仕事は、生徒たちの学校生活を中心にしながらも、校外における家庭生活や地域社会にまでも関係をもたざるを得ないのである。すなわち、生徒の人格形成としての成長は、学校や家庭や社会のさまざまな環境からの影響力の相互作用によるものである。
　この意味で、教科指導に入る以前に、生活・生徒指導をいかに広く、かつ深く豊かに行うかが重要なのである。
　生徒指導は、学校の教育目標を達成するための重要な教育機能の一つであり、学校の教育活動全体を通じて、全ての教師の参加と協力によって行われるものである。すなわち、学校における組織的、計画的な教育活動の一分野としての生活学習領域における指導は、生徒指導の主な仕事の一つである。
　生徒指導は、「一人一人の児童生徒の個性の伸長を図りながら、同時に社会的な資質や能力・態度を育成し、さらに将来において社会的に自己実現ができるような資質・態度を形成していくための指導・援助であり、個々の児童生徒の自己指導能力の育成を目指すものである」(注)と概念規定された。要するに、生徒指導は学校における教育活動の全面を覆い、その全体

に浸透するものなのである。すなわち、生徒指導については、これを他の教育活動と並列する一つの分野として取り扱うのではなく、教育をして真に教育たらしめるために欠くことのできない重要な機能の一つとして考えるときに、その本質をよりよくとらえることができるのである。

(2) 生徒指導の位置づけ
①生徒指導は、生徒が自己指導の能力を発揮させることを「ねらい」にする

生徒指導は、生徒が自発的な協同、相互的な義務感、平等の権利の意識に支えられ、自分の正しい自由意思により、決断し、行動することを「ねらい」とする。すなわち、相互依存を自ら求めながら、重要な自己の権利や義務に関しては、自分の判断に基づいて決断し、進んで自己を表現し、自己の権利を主張するとともに、自己の義務、責任を積極的に実行していくことを「ねらい」とする。

そのためには、自分たちで考え、自分たちで決断し、実行するというように、選択の自由を多少なりとも用意することが必要なのである。これらが、学校の教育課程の中の活動でいえば、児童会活動、生徒会活動、学級会活動、ホームルーム活動、クラブ活動などである。

②生徒指導は、生徒の個人差に留意する

全ての生徒は、一人一人、生育歴、家庭環境、素質、能力、適性、興味、進路の希望などが異なる。たとえ同じ環境下にいても、それぞれの生徒にはそれが異なって認知されて、各人が独自の行動をとることが多いのである。また、外に現れた行動は同じようであっても、その意識は必ずしも同一でないことがある。したがって、それぞれの生徒の一般的傾向に目を向けるよりも、一人一人の生徒の個別性・独自性に焦点をおくべきなのである。

③生徒指導の力点は、発達的な側面におかれる

この発達的な側面の指導ということは、人格や行動の上での弱点や欠陥、問題行動の誘因ともなる不安や悩み、さらには、問題行動や非行などの矯正および治療を第一の目的とするものでなく、現状を基礎としながらも、よりいっそう正常で健康な人格の発達を目指して援助を行うことを意味している。

すなわち、反社会的行動や非社会的行動を継続的に顕著に示す問題行動

のある生徒のカウンセリングが中心になるのではなく、個人の発達的課題（developmental tasks）に焦点をおく指導を主たるものにする。この発達的課題とは、生徒が正常な成長発達をとげるために、それぞれの発達時期において達成されなければならない課題であり、それは身体的成熟、社会の文化的影響力、個人の価値観や向上心などに基づいて決められるものと考えられている。

④**生徒指導は、生徒をあるがままに理解していくことによって進められる**

「生徒をあるがままに理解する」ということは、形式的な理論を現実の生徒にあてはめて考えようとするのではなく、現実の目の前にいる子どもたちそのものをそのまま受け入れ、理解しようとすることである。

生徒をこのように理解するためには、いろいろな方法が考えられる。客観的、科学的テスト（例えば、標準化された知能検査や性格検査など）や、調査（例えば、家庭環境調査、悩みごと調査など）や、観察、作文・日記などのさまざまな記録から、形式を超えて生徒の生き生きとした姿を直にとらえていく努力が必要である

⑤**生徒指導は、一人の例外もなく全ての生徒を対象とするものである**

生徒指導は、人種、信条、性別、社会的身分または門地などの相違をこえて、全ての子どもたちが一人の例外もなく幸福な生活を送ることができるようにという願いのもとに発生し、展開されてきたものである。この人間性平等の理念に基づいて、不幸な生活が起こる前に学校は、そのような子どもたちを適切に指導しなければならない。それゆえに、生徒指導の対象は問題行動のある生徒だけではなくて、全ての生徒なのである。

もちろん、正常な発達の基準から逸脱した問題をもつ生徒に対して、より多くの注意が向けられ、より多くの指導が与えられるべきことは当然のことであろう。しかし、その場合でも、生徒指導は全ての生徒を対象にするのである。

⑥**生徒指導は、人格全体に対する援助であり、総合的活動である**

前述のように、生徒指導は人格にかかわる指導を意味するのであるから、それは総合的活動でなければならない。なぜなら、人格そのものが総合的あるいは統合的なものであるからである。かりに、その発達を身体的、知的、情緒的、社会的などの諸側面から見るにしても、それは一応の区分に

すぎないのである。

⑦生徒指導は、学校における特定の活動や領域だけに限られるものではなく、学校教育の全ての場に作用する、いわゆる機能である

　生徒指導の特質は、学校における教育活動の全ての中に機能していなければならない。つまり、学級会活動、生徒会活動、クラブ活動、運動会、遠足などの中に作用することはいうまでもなく、あらゆる場に機能として存在するのである。

　学習意欲をもたない生徒の中には、その原因が主として家庭環境や親子関係にある場合もある。このときは、まず親子関係の調整が第一になされるべきであろう。また、生徒が騒がしくて学習効果があがらないとか、活発に意見をいわないとか、集団活動が活発でないとかいうような問題は、教科指導においても、特別活動においても、道徳の時間においても、あらゆる場での指導の中に存在するであろう。そして、そのような問題の主な原因は、生徒同士の人間関係、あるいは、教師と生徒との人間関係にあるかもしれない。このように、生徒指導はあらゆる場に機能するのである。

2　生徒指導の内容

　生徒指導の内容を教育活動の場からとらえる。

(1) 各教科の指導と生徒指導

　学校生活の中で大部分の時間は、教科の学習にあてられている。教科の学習は、学校教育の中核であり、生徒にとってはときには学校生活を楽しいものにし、逆に学校嫌いにさせるなどの要因ともなる。

　教科の指導は、それぞれの教科の目標を達成することをとおして生徒の「望ましい人間形成」を図ることを目指して行われる。そのため教師は、基礎的、基本的な内容の指導を徹底し、子どもたちの個性を生かす指導の充実に努めなければならないのである。

　まず、教科への意欲を育てたり、教科の選択を適切にさせたり、学習上の不適応を治療したりする指導などがあげられる。また、生徒の学習を容

易にするために、学級の生活条件をよりよいものにする指導もあげられる。
　なお、教科の指導の効果を高めるためには学級集団の雰囲気をよいものにするとともに、教師と生徒、生徒相互の好ましい人間関係を育てることが大切なのである。
　すなわち、教科の指導と生徒指導は、相互補完の関係にあるといえる。教科の指導は、教科における生徒指導（例えば、学習習慣・学習態度の形成、良好な学級集団や人間関係など）によって促進され、逆に、生徒指導は教科の指導によって推進される。

(2) 道徳の時間を通じての生徒指導

　学校における道徳教育と生徒指導は、教育活動全体を通じて行うという点で共通するところがあり、しかも取り扱う内容についても関連するものがある。また、学校における道徳教育には教育課程に位置づけられた領域としての道徳指導があり、生徒指導とのかかわりが深いのである。
　この両者が、相互に関連し合って学校教育を支え、学校の教育目標の達成に寄与するという認識を深めることも大切である。
　生徒指導において、一人一人の生徒のもつ問題や悩みを解決する助力をし、集団で問題になっているものを学級で取り上げることなどにより、道徳的資質を含む人格の総合的発達がもたらされる。
　道徳の指導を充実し成果をあげることによって、一方では生徒指導を推進することができる。例えば、道徳指導において「望ましい生活習慣」を身につけ、節度と調和のある生活をすることの大切さに気づく指導が行われる。また、生徒指導においても「基本的な生活習慣の形成」などについての実践的な指導が行われる。道徳指導で、道徳的価値について内面的自覚が十分に図られ道徳的実践力が培われていれば、生徒指導での実践化はいっそう推進される。

(3) 特別活動を通じての生徒指導

　特別活動は、学級活動、生徒会活動、クラブ活動、学校行事の４つの内容によって構成されているが、それぞれの活動の目標や内容には生徒指導が目指すものが多く含まれ、また、各活動が展開される中で生徒指導が機

能として働き、指導が行われているのである。例えば、特別活動は自分たちの集団を自分たちの力で円滑に規律正しく運営すること、集団生活の中でそれぞれのメンバーが特性や個性を生かし、人格を互いに尊重する生き方を学ぶこと、集団としての連帯感を高め、集団のメンバーとして社会人としてふさわしい態度や行動を学ぶこと、これらをその目標にしている。いわば、特別活動は、生徒指導にとってきわめて密接（ねらいの点でも内容や指導のあり方の点でも）な関係にあるといえる。

(4) 教育課程外の場での生徒指導

　生徒指導は、教育課程に含まれない学校生活の中にも機能として存在する。例えば、休み時間、週番活動、掃除当番、小集会活動などの場は、日頃の指導成果の自然的な実践場面である。

(5) 問題行動の生徒指導

　学校生活や社会生活に不適応を示す生徒の生活指導では、カウンセリングの手法が有効である。この際、一人一人の生徒を十分に理解し、個人に即して指導、助言を与え、生徒が自己指導の力を育てていくように指導される。

3　生徒指導と教科指導の関係

(1) 生徒指導と教科指導

　学校教育は、全体として生徒指導と学習指導との2つの教育作用によって成り立っているといえよう。この2つの関係作用は、そういう意味で車の両輪にたとえることもできる。片方だけがうまく回っても、教育目標をよりよく達成できないのである。この両者の役割について見てみると、生徒指導は生きた子どもたちの現実の生活に即して営まれる教育作用であるのに対して、教科指導は教科の系統の側から要求され展開される教育作用であるとして、一応明瞭に区別することができる。しかし、生徒の学校生活と切り離して生活指導を考えることはできないのである。

　学校の教育活動には、教育課程の領域として行われるものと、教育課程

に属さないものとがある。ここでは、教育課程の各領域（教科）における教育活動と生徒指導との関連について考察する。

　学校は、各教科の指導をとおして学校の教育目標の達成を図り、生徒たちが人間として望ましく成長発達することを目指している。そのためには、指導内容を基礎的、基本的な事項に精選するとともに、個別に応じた指導などの工夫により、子ども一人一人が確実に身につけるように努めなければならないのである。実際に展開される場面は、主として時間割に組み込まれた各教科の授業時間である。しかし、一方では教科外における生徒のもろもろの活動から、教科（学習）に対する生きた興味や関心が喚起されたり、学習の具体的な問題や疑問が生じてきたりすることもおおいに見られる。例えば、学校で動植物の栽培や飼育の活動を続けているなかで、理科や算数の学習に対する子どもたちの生きた関心や興味が生まれてくるようなものである。いわば、学習指導の場合にも、必ずしも教科の枠にとらわれることなく、子どもの生活の現実と直接または間接にかかわりをもつことによって、よりよい指導の効果を期待することができるのである。

　また、それと同じように、生徒指導も一方の教科指導の側から影響されてその効果をあげることもよくある。例えば、教科の指導の場面における教師と生徒との人間関係をあげることができる。一人一人の生徒を生かそうと熱意をもって接している教師の真剣な態度が、生徒たちの人格に影響をおよぼさない、ということは考えられない。

　また、学習活動の場面における生徒たち相互の協力関係が、子どもたちの人間的な成長に大きなかかわりをもってくるであろう。このような点を考えてみただけでも、学習指導が単に教科それ自体の指導効果ばかりでなく、付随的には生徒の人格形成に重要な役割を果していることがわかる。

　人格の構造からいえば、生徒指導は、主として「感情」の領域、すなわち、内面の意欲（やる気を育てる）を育てることに直接かかわるものとして特徴づけることができる。それに対して、教科指導は、主として「認識」の領域と、「神経」の領域、すなわち、理解（よくわからせる）と技能（やり方を身につけさせる）を育てることに直接かかわるものとして特徴づけられる。いわば、各教科の時間割での指導は、人間形成を目指すものであるから、教科指導の時間でも人格の構造の3領域（意欲・理解・技能）に

働きかけるものでなければならないのである。
　生徒指導においても上述と同様に、理解、技能面を省いて、意欲のみに働きかけるのではなく、人格の構造の3領域を視野に入れながらも、感情の領域（意欲）に主眼をおくのである。
　それゆえ、感情（やる気）を育てることにアプローチすると、結果として、人格の3領域への全てのアプローチが揃うことになって、生徒はよりよい行動がとれるようになるのである。

(2) 学校生活と生徒指導

　学校は、生徒たちの単なる勉強のためだけの場所ではなく、多くの子どもたちの集団と教え指導する立場にある教師たちとがつくりあげている、一つの共同社会であるといえよう。そして、生徒指導の役割は、このような共同社会としての生活の場を中心にした生徒たちの生活のあり方に対して、教育的に配慮し指導していくことなのである。したがって、生徒の学校生活と切り離して生徒指導を考えることはできないのである。
　一方、教科指導のほうは、場合によってはこの共同社会の生活から離れた場所でも、また個人的なかたちによってでもその効果をあげることができる。教科指導の場合においても、集団の中での共同思考や生徒たちの相互の影響によってよりよい学習効果をあげることがあり得るが、学習の目標によっては、むしろ個人的なかたちの学習によるもののほうがよい効果をあげることがある。
　生徒指導ないし教科指導の効果は、基本的に学習者たる生徒の生活、情緒の安定、そして楽しい生活の有無に左右される。もちろん、教科指導の授業場面それ自体が楽しければ、学校生活のほうも楽しく安定したものになるが、まず生活面の安定が大切なのである。その次に、生活場面と学習場面との相互作用がはじまる。
　この意味において、教科指導に入る以前に「生活・生徒指導」をいかに深く豊かに行うかが大切なのである。
　今日、不登校問題や中途退学問題をめぐって、学校そのもののあり方が問われている。とりわけ「いじめ」や「校内暴力」による荒れた学校生活を改善することが急務である。この生活面を安定させることができれば、

学習面については一定の水準までは必ず改善されるであろう。それ以上の水準を求めるのならば、授業あるいは教科指導の研究が必要になってくる。

以上のことを具体的に考えるならば、まず生徒との人間関係を十分に信頼できるものにすること、良好なものにすること、あるいはそのような努力を継続することを基本原則として、数か月間（1学期、前半期）は、教科指導よりも、子どもの生活指導・生徒指導に力点をおくようにすることである。学校生活、学級生活が、授業場面以外のところでも、安心して楽しく生活できるものになるように、特に学級担任教師はその環境構成・整備に力を注がなければならない。この意味においても、学校生活における「学級づくり」は、きわめて重要なのである。すなわち、学校共同社会の集団生活の中でいかにして生徒一人一人の個性と人間性とを豊かに育てていくかに、生徒指導の中心的な課題があるのである。

(3) 生活における自己教育

教科指導（学習指導）において生徒の自己教育・自己学習があるように、生徒指導（生活指導）の場合においても自己教育が存在する。自己教育とは、文字どおり自己による自己の教育であって、それは常に自覚的な自己反省に基づく「学習」である。生徒本人の自覚から発するものであるだけに、これは生徒指導の上で大切であって、もろもろの教育的な働きかけはこの「自己教育」によって、一個の人格の形成に統合されるといってもよいのである。

ところで、生徒の自己教育の媒介となるものは、生徒が現実の生活をともにしている人間たちの姿ばかりとは限らない。学校生活の中で生徒が接する読み物をはじめ、種々の間接経験を与えるものの中にも、そのような媒介として重要な働きをするものが見られる。いわゆる偉人の伝記など特定の人物の生涯についての記録に触れることをとおして、生徒が深い感銘を受けることがあれば、それは生徒の生活を指導する働きをもつことになる。

学校における生徒指導としては、そのような媒介の役割を果たしうるものを生徒たちの学習環境の中に豊かに用意することもおおいに考慮すべきことである。自己教育は、生徒の自覚から出発するものではあるが、その

ような心の動きを刺激するような配慮が慎重になされることが非常に重要なのである。

［注］
文部省「生徒指導資料 第 20 集」15-16 頁、1988

【参考文献】
1 安彦忠彦『「授業の個別化」その原理と方法を問う』明治図書出版、1993
2 教育技術研究会（編）『教育の方法と技術』ぎょうせい、1993
3 坂本昇一『青少年指導と自己啓発』広池学園出版部、1983
4 坂本昇一『生き方の生徒指導』学習研究社、1991
5 井上弘『教育方法学』協同出版、1983
6 高橋靖直『教育行政と学校・教師』玉川大学出版部、1986
7 田原迫竜麿『現代教育の法制と課題』第一法規出版、1994
8 細井房明・野口伐名・木村吉彦『保育の本質と計画』学術図書出版社、2000
9 磯部裕子『教育課程の理論』萌文書林、2003
10 西之園晴夫・宮寺晃夫『教育の方法と技術』ミネルヴァ書房、2004

第 10 章　教育方法と学校・学級経営

　この章で取り上げる教育方法は、狭義には教授法や学習指導法と同義として用いられ、広義には学級経営、教科内容および生徒指導など技術的問題を含んでいる。

1　教育方法と学校の経営

　教育方法と学校の経営を考えるにあたって、わが国の学校教育にかかわる今日的課題を明らかにしておく必要がある。

(1) 教育課程改善のねらい

　平成 14 年次の教育課程の改善では、学校週 5 日制の完全実施を含む、明治期と戦後期に匹敵するドラスティックな教育改革が実施された。学校教育における最も重要な課題は、子ども一人一人に「生きる力」をはぐくむこととされ、教育課程審議会の答申（平成 10 年 7 月）に示された改善のねらいは、以下の 4 つであった。
　①豊かな人間性や社会性、国際社会に生きる日本人としての自覚を育成すること。
　②自ら学び、自ら考える力を育成すること。
　③ゆとりのある教育活動を展開する中で、基礎・基本の確実な定着を図り、個性を生かす教育を充実すること。
　④各学校が創意工夫を生かし特色ある教育、特色ある学校づくりを進めること。

ここで留意すべきことは、各学校に「特色ある教育、特色ある学校づくり」が求められているのであり、それは上記①～③のねらいを踏まえることにより達成できることである。そして４つのねらいは、教育課程の基準を改善するためだけのねらいではなく、学校経営・学級経営はもとより、学習指導、生徒指導など、これからの学校教育を進める上で常に指針としなければならないものであった。

(2)「生きる力」の育成と教育内容の厳選

中央教育審議会は、平成８年７月、「21世紀を展望した我が国の教育の在り方について」と題して、子どもたちに「ゆとり」の中で、どのようにして「生きる力」をはぐくむべきかを基本に検討した結果を答申している。

①「生きる力」の育成

「生きる力」とは、「いかに社会が変化しようと、自分で課題を見つけ、自ら学び、自ら考え、主体的に判断し、行動し、よりよく問題を解決する資質や能力であり、また、自らを律しつつ、他人とともに協調し、他人を思いやる心や感動する心など、豊かな人間性」、そして「たくましく生きるための健康や体力」を重要な要素としている。これらのことについて、学校経営にあたる校長は、関係する教職員の共通理解を深め、日々の教育活動の成果をあげることが重要である。

②学力観の転換と教育内容の厳選

これまで学力とは、子どもが教室で何を覚えたか、何を身に付けたかを重視してきた。子どもに「生きる力」をはぐくむためには、これまでの知識を教え込むことに偏りがちであった指導観を改め、子どもの創造力や思考力、判断力、表現力などの能力、学ぼうとする意欲や態度などを包括して学力ととらえる広い学力観に立つことが大切である。

また子どもたちに「生きる力」をはぐくむためには、教育内容を基礎・基本に絞り、「ゆとり」ある教育課程を編成し、指導することが重要である。教育内容の厳選により「ゆとり」ある授業展開が可能となるのであり、問題解決的な学習や体験的な学習を積極的に取り入れ、その充実を図るとともに、ティーム・ティーチング、グループ学習、個別指導などをいっそう充実することができる。

(3) 学校経営と教育方法

　学校経営とは、「学校が掲げる教育目標を達成するために、必要な諸条件の整備を行い、運営すること」と考えられる。学校経営にあたっては、教育目標を達成するための経営方針を立てる必要があるのであり、さまざまな教育活動を、どのように経営していくかが重要な課題となる。

　学校では、学習指導、生徒指導などさまざまな教育活動が行われている。したがって学校の教育目標を達成するために、校長を中心として全教職員が学習指導や生徒指導などに協力して取り組む必要がある。学校として校長のリーダーシップの下に、教育成果をあげるための経営のあり方が問われることになる。

　学校経営の内容として、以下の事項が考えられる。それらの中で、この章で取り上げる教育方法は、①の事項と深くかかわることになる。

①教育課程の展開と管理にかかわるもの（教育課程の編成、日課表の作成、教材・教具、学習の評価、教職員の研修など）。

②子どもの編成・管理と健康にかかわるもの（学年・学級の編成、生徒指導、健康管理、学校給食、安全管理など）。

③財政や施設・設備の管理にかかわるもの。

④学校外との連携協力にかかわるもの（家庭・地域社会、関連諸施設・諸団体、研究団体など）。

(4) 指導体制の工夫

　どのような教育方法をとるかは、子どもの学習意欲、学習成果と深いかかわりがある。教育方法には、例えば交換授業や合同学習の実施、ティーム・ティーチング、経験の豊かな教師が他の学級で指導するなどさまざまな方法が考えられる。授業のねらいや内容に応じて最適の教育方法をとることにより、子どもの学習意欲を高めたり、当初は学習意欲が低かった子どもも次第に学習意欲が高くなっていくなど、授業の成果をあげることができる。

　各学校は、おかれている環境をはじめ、規模、教員の年齢構成・組織、施設・設備などが異なることから、具体的にどのような教育方法をとるかは学校がおかれている諸条件を踏まえ、組織体として取り組むことになる。

ティーム・ティーチングでは、教員が役割を分担して行われる。役割の分担の仕方として、次の場合が考えられる。第一は、子どもの集団全体を指導する教員、小グループを指導する教員、個別指導をする教員などに分かれて協力する場合である。学習意欲の高い子どもについては、思考を深め、発想を働かせながら課題を追究するように励ますことになる。それに対して学習意欲に乏しい子どもについては、つまずいている内容を把握し、成就感を味わえるように助言することが大切である。第二は、子どもの興味・関心や学習単元のねらいによって複数の学習コースを設定し、コースごとに教員が分担して指導する場合である。どのような方法をとるかは、学校や子どもの実態に応じて各学校が決めることになる。

　なお教室の照明・採光、換気などの学習環境、コンピュータ・VTR・LL・OHPなどの教育機器も、子どもたちの学習の動機づけや理解の促進に効果的である。それらについても、学校として適切に配慮する必要がある。

(5) 学校図書館の活用

　学校図書館は、学校図書館法第2条で規定しているように「学校の教育課程の展開に寄与する」とともに、子どもの「健全な教養を育成すること」を目的として設けられている学校の施設である。これからの学校図書館には、単なる「本の館」としてのあり方を見直し、自ら課題を見いだし、考え、よりよく問題を解決しようとする学習を積極的に支える役割を果たすことが期待される。これまでは、書架に各種の図書が整然と並べられており、子どもたちが静かに読書をする場として考える傾向が強かった。

　しかし、これからの教育では、子どもたちの学習への興味・関心を高め、思考・判断を深める授業の展開が求められている。したがって学校図書館については、図書を閲覧する場としての「読書センター」の機能に加え、子どもたちが自ら学ぶ場としての「学習センター」の機能を発揮する必要がある。

　このように考えると、学校図書館は、子どもたちの主体的な学習や読書活動を推進するために各種の図書や視聴覚教材、その他学習指導に必要な資料を収集するとともに、それらの整理・保存をし、子どもたちや教師の

(6) 体験的活動・問題解決学習の重視

　子どもの思考力や判断力を育成し、主体的な学習を身に付けさせるためには、体験的な活動や問題解決的な学習を充実する必要がある。調査や見学、観察、実験、実習など体験的な活動や問題解決的な学習は、子どもの学習意欲を高め、学ぶことの楽しさや成就感を体得させる上できわめて有効な方法である。例えば社会科においては、博物館や郷土資料館などの活用を図るとともに、観察や調査・見学などの具体的な活動を積極的に取り入れることである。また理科における生物、天気、川、土地などの学習では、野外に出かける活動を多く取り入れるとともに、観察や実験、栽培、飼育などを重視し、問題解決的な学習を行うことである。

　このような教育方法を学校として積極的に取り入れることにより、子どもは、主体的な学習の仕方を身に付けるとともに、学ぶことの楽しさを実感するであろう。体験的な活動や問題解決的な学習を多く取り入れることにより、各教科において習得すべき知識や技能も確実に身に付くのであり、その後の生活に生きて働く力とすることができる。

2　教育方法と学級の経営

　学級は、学校という組織の一部であり、学校を構成する部分である。学級経営とは、「学校経営の基本方針の下に、学級を単位として展開されるさまざまな教育指導の成果をあげるために必要な諸条件の整備を行い、運営すること」と考えられる。学校が掲げる教育目標は、学年・学級経営の中で具体化され、実現されていく。

　学級経営の内容は、一般に人的条件の整備、物的条件の整備、学習指導の展開、生徒指導の推進、学級事務の処理、学級経営の評価などが考えられる。それらについて、学級担任は学校経営との一貫性を図ることに努め、学級づくりをすることになる。

（冒頭）利用に役立つようにしなければならない。このようにして学校図書館には、学校の教育課程の展開に積極的に寄与できるような運営を、学校の実態に応じて創意工夫することが求められている。

(1) 学校経営・学級経営の一貫性

　学校の教育目標は、学年・学級において具体化され、実践に移されることになる。学年・学級は、学校経営を進める上で最も基盤となる組織である。学校経営において学年・学級経営との関連が重視される理由は、学校経営と学年・学級経営との間に調和がとれていない場合には、さまざまな教育の営みは徒労に終わり、空回りすることになるからである。

　学年・学級経営の基本方針は、当該学年・学級を担当する教師が決めることになる。重要なことは、学校経営と学年・学級経営との間に調和がとれている必要があるのであり、学年・学級を教師の個人的な考えで運営してはならないことである。学年・学級経営にあたっては、学校の教育目標達成を目指して、学習指導、生徒指導などに関して教職員が共通理解を深め、協力して取り組むことが大切である。

(2) 人的条件・物的条件の整備

　学級での学習指導の成果をあげる上で、学級における子どもたちの人間関係の調整、学級風土の醸成、教師と子どもの人間関係などが深いかかわりをもつ。学級は、子どもの学校生活において学習や生活の最も基盤となる場であるから、学級での友人関係のあり方は、子どもの学習や生活に大きな影響をもたらすことになる。

　また教師と子どもの人間関係も、学習や生活などの面で深いかかわりがある。学級経営にあたっては、教師と子ども、子ども相互の人間関係が常に好ましい関係になるように努め、互いに協力し合って学習し、生活しようとする雰囲気を学級内に醸成し、子どもにとって「心の居場所」としての学級にすることが大切である。

　物的条件としては、教室内の教卓、机や椅子、戸棚、水槽や鳥籠、視聴覚器具、掲示物、採光や通風、保温などが考えられる。これらは校舎の設計などと深くかかわってくることから、それらの整備について学級担任が介入する余地は少ないと考えられる。しかし教室を清潔な環境にするように努めたり、掲示物については、試験の結果や成績だけを強く印象づけることを避け、常に安らぎのある、明るく和やかな雰囲気が醸し出されるように創意工夫し、教室を快適な学習と生活の場としなければならない。

(3) 学習指導の形態

学習形態は、子どもの学習意欲と成果に深いかかわりがある。学習形態には、一斉指導、グループ別指導、個別指導などが考えられるが、いずれの形態をとるかは、授業の目標、内容、方法、教材などにより決めることになる。

①一斉指導

一斉指導とは、指導する子ども全員を対象にして、一人の教師が指導する形態である。この方法が取り入れられた背景には、一人の教師が多くの子どもを対象に指導できるという指導の効率性、経済性が重視されたことにある。一斉指導の長所は、一定の情報を同時に多くの子どもに伝えることができるとともに、一定の学力を容易に培うことができる。しかし一斉指導は、教師中心の指導に偏りやすく、また多様な個性や能力をもつ子どもたちに十分対応しきれない面がある。そのため、落ちこぼれを生み出しやすいなどの短所がある。

②グループ別指導

グループ別指導とは、指導する子どもたちをいくつかのグループに分けて指導する形態である。グループの規模は、一般的には4〜8人が適切と考えられる。グループを構成する方法として、例えば能力に応じた等質のグループ分け、同一の学習課題をもつ子どもたちによるグループ分けなどがあり、また能力やその他の条件が異なる子どもでグループを構成する場合がある。

グループ別指導の長所は、学習への興味・関心を高め、集団での思考を深めやすいことから、一人一人の思考の深まりが期待できること、仲間意識や連帯感が育つことなどがある。しかし所属したグループになじまない子どもは疎外されたり、子どもたちの役割意識が薄いと形式的な学習に陥りやすい。学級担任として、グループ別指導を取り入れることの明確な見通しに欠ける場合は、多くの問題を抱えることになる。

③個別指導

子ども一人一人は、能力や適性、興味・関心、性格などに違いがある。子どもに自ら学び、自ら考える力を育成するためには、一人一人が基礎的・基本的な内容を確実に身に付け、自分のものの見方や考え方をもつように

することが大切である。そのためには、子ども一人一人の実態に即して個別指導を充実することである。これらの点についても、学校としての基本的な方針を明らかにし、各学年・学級の実践を支える必要がある。

個別指導は、子ども一人一人の実態に応じて個別に指導する方法であり、一人一人の学習状況や能力などに即した指導ができる。しかし多様な教材・教具が必要になること、仲間意識や連帯感が育ちにくいこと、学習の成果を学級の全体に広げることに難があることなどの短所がある。一斉指導と個別指導を必要に応じて組み合わせながら、個人のレベルで学習が成立するよう努めることが大切である。一斉指導・グループ別指導を用いる場合でも、個別指導を軽視することはできない。なお個別指導においては、特定の子どもだけを対象とすることなく、全ての子どもに適切に対応する必要がある。

(4) 学級担任による生徒指導の推進

学校は、生徒指導の全体構想を作成するとともに、生徒指導体制の確立を図る必要がある。その上で日常の生徒指導は、学級担任が中心になって推進することになる。生徒指導の内容は、一般的に学業指導、適応指導、道徳性指導、保健・安全指導、余暇指導、進路指導などに分けることができるが、実際の指導では、それらの内容は統合され、総合的に進めることになる。学級担任には、生徒指導を進める上で以下の点に留意することが大切である。

①子どものよさを見とり指導に生かす

生徒指導においては、子ども一人一人のよさや長所を積極的に見いだし、指導に生かすことが大切である。これまでの教育においては、子どもの問題行動をとらえ指導するという、とかく非行対策のような消極的な生徒指導の面が強調されてきた。子どもの問題行動を防止するための指導助言は今後も必要であるが、その場合でも、子どものもつよさや長所を積極的に見いだし、学習や生活面の指導に生かすことが重要である。

子どもは、好奇心が旺盛であり、遊びや活動を創り出すことを好む。また身の回りの諸事象に対し「なぜだろう」と疑問をいだき、発想や思考を働かせて追究し、解決しようとする「よさ」をもっている。このような点

を踏まえ、これからの学習指導、生徒指導では、絶えず成長し発達する存在としての子どもをとらえ、指導を工夫することが大切である。

②好ましい人間関係の醸成

子どもの学習と生活の状況は、学級内の人間関係のあり方と深くかかわっている。教師と子ども、子ども相互の人間関係が好ましい学級では、互いに悩みを打ち明けたり、励まし合って生活しようとする態度も強く、また教師に有りのままの自己を話しかけてくれるなど、子どもの学級への所属意識も高くなる。お互いの存在を大切にし合う学習集団は、よい授業を支え、高め合うのであり、そのような授業の雰囲気やそこからにじみ出る力は、子どもの教育に計り知れない成果をもたらす。また好ましい人間関係の醸成は、さまざまな問題行動を未然に防止することにもなる。学級担任は、子どもと協力して温かい人間関係で結ばれる学級経営を目指すことが大切である。

③落ち着いた学習環境の設定

子どもにとって学校生活が楽しいと感じるのは、学習内容がよく理解できて、学習することの楽しさが味わえるときである。子どもが積極的に学習する授業を展開するためには、学級担任として学校の指導計画を踏まえ、「ゆとり」のある学習過程を構想し、学習形態、教材などについても工夫するとともに、落ち着いた学習環境を設定することが大切である。

④学級担任の深い子ども理解

学級担任は、他の教職員に比べ、担任する子どもたちと最もかかわりが深い教師である。生徒指導の推進と学級担任の立場について、『児童の理解と指導』（文部省、昭和57年3月）では、次の4点をあげている。

ⅰ）様々な機会を通して学級の子どもと最も多く接することができ、一人一人の性格や特徴、家庭事情、交友関係などについて知り得る立場にある。

ⅱ）学級の子どもに対し、長期間に継続的な指導を行うことができる。

ⅲ）子ども一人一人について、諸条件を総合的に把握し、計画的に指導を進めることができる。

ⅳ）他の教師と協力して生徒指導を推進する立場にある。

学級担任は、生徒指導を直接的、継続的に推進するための中心となる役

割を果たしていることを自覚し、学級経営を進めることが大切である。

(5) 開かれた学級経営

学級担任は、「開かれた学級経営」に努めることが大切である。学級担任が生徒指導を推進する上で、危惧されるいくつかの問題があるからである。

第一は、学級担任による抱え込みである。学級担任は、担任した学級を自分の責任の下に経営しようとする意識が強い。そのため、学級に問題行動がおきたり、他から生活上の問題点が指摘された場合は、責任を感じ、何よりも自分の力で解決しようとする傾向がある。その結果、適切な指導を行う機会を逸することが危惧される。第二に、学級担任は自分の学級を大事にしようとする意識が強く、往々にして同学年の教師間で必要とする情報交換が行われなかったり、滞ったりする。このように狭い学級王国的な感覚からは、他の教師の助言を指導に反映させなかったり、子ども理解の仕方に偏りが生じるなどの問題が生じる。

このような弊害を防止するためには、個々の学級の独自性を認めつつも、風通しのよい学級経営に努める必要がある。同学年や隣接学年の教師がともに協力して、子どもの学習や生活にかかわる長所、問題点などの把握に努め、協力して指導することである。自分の学級さえよければという経営観に立つことなく、ときには養護教諭や専科の教師などとも連携協力するという、広い視野で学級経営にあたることが大切である。一人一人の学級担任が風通しのよい学級経営に努めることが、とりもなおさず学校の教育目標を確実に達成することになる。学級担任は、独断的で狭い学級王国的な考えで学級経営を進めてはならないのである。

【参考文献】

1　谷田貝公昭・佐藤弘毅（共編）『教育学概論』酒井書店、1988
2　下村哲夫・天笠茂・成田國英（編著）『学級経営の基礎・基本』ぎょうせい、1994

第 11 章　教育方法と施設・設備

1　教育方法の多様化と学校施設・設備

(1) 学校施設・設備

「教育は人なり」という名言がある。確かに、教育は人と人との出会いであり、人と人との相互的介入によって成り立つ人的要素の占める意義は大きい。一方、教育には教育活動のための場が必要であり、教室や体育館、運動場といった物的要素も重要な意味をもつ。教室や運動場は、施設・設備と呼ばれ、学校の教育活動を支える重要な役割を担っている。一般的には、土地や建物あるいはそれらに固定された大きな物件を施設と呼び、これに対して、教具など比較的小さく、可動的な物を設備と呼んで区別されている。

初等・中等段階の学校の施設と設備の具体例は、次のものがあげられよう。まず、施設について、建物としては、校舎、屋内運動場（体育館）、武道場、専用講堂、屋内水泳プール、セミナーハウス、寄宿舎など、土地としては、校地、屋外運動場、農場など、建物以外の工作物としては、フェンスや塀、自転車置場、屋外水泳プール、バックネット、鉄棒、百葉箱などがある。設備としては、机・いす、ピアノ、機械、器具、図書、船舶、車両などがあり、いわゆる、消耗品は入らない。

施設・設備を規定する基になっているのは、学校教育法である。その第3条に「学校を設置しようとする者は、学校の種類に応じ、文部科学大臣の定める設備、編制その他に関する基準に従い、これを設置しなければならない」とある。また、学校教育法施行規則第1条では、「学校には、その

学校の目的を実現するために必要な校地、校舎、校具、運動場、図書館又は図書室、保健室その他の設備を設けなければならない」と規定している。

小・中学校の施設・設備の基準は、小学校設置基準、中学校設置基準に校舎及び運動場の面積、校舎に備えるべき施設、体育館、校具および教具等が定められている。また、幼稚園の施設・設備の基準は、幼稚園設置基準に設定されている。小学校設置基準でみると、校舎の面積および運動場の面積は以下のとおりである。

校舎 児童数	面積（㎡）
1人以上40人以下	500
41人以上480人以下	500 + 5 ×（児童数 − 40）
481人以上	2700 + 3 ×（児童数 − 480）
運動場 児童数	面積（㎡）
1人以上240人以下	2400
241人以上720人以下	2400 + 10 ×（児童数 − 240）
721人以上	7200

校舎に備えるべき施設は、教室（普通教室、特別教室等）、図書室、保健室、職員室などである。その他の施設としては体育館を備えるものとする、となっている。校具および教具は、「学級数及び児童数に応じ、指導上、保健衛生上及び安全上必要な種類及び数の校具及び教具を備えなければならない」とある（小学校設置基準第11条）。

施設・設備の整備経費は、設置者が負担することになっているが、設置者の財政の豊かなところそうでないところで格差が生じるため、教育の機会均等の保障を目的として、国からの助成、補助の制度が行われている。施設については、建物の整備が中心で、義務教育諸学校等の施設費の国庫負担等に関する法律、産業教育振興法等がある。前者は公立小・中学校、中等教育学校前期課程、盲学校・聾学校の小学部・中学部の校舎や屋内運動場、寄宿舎の新増改築や大規模改造に対する補助である。後者では、産業教育振興法による実験実習施設に対する補助、この他、水泳プールや武道場、クラブ活動室、クラブハウス、学校給食施設、幼稚園舎等の補助事

業がある。補助メニューは多彩で、私立学校も含まれることが多い。設備については、理科教育振興法や産業教育振興法に基づいた補助、その他がある。

　施設・設備については、火災、盗難、損傷の防止や児童生徒の危険防止、安全、教育や生活の場としての保健衛生が必要である。このため、施設・設備の管理は重要な学校運営となっている。また、学校は、児童生徒が一日の大半を過ごす学習の場であり、かつ生活の場でもある。したがって、利用する児童生徒にとって学校施設は常に安全で快適なものでなければならない。そのため、学校の施設・設備を健全な状態に保つために維持管理が行われている。施設・設備の状態を絶えず点検して、不備があれば早く発見して対処することは、安全管理上でも必要不可欠である。さらに、一歩進めて快適な学習環境、生活環境の実現のためにも施設・設備の維持管理は重要事項といえる。

(2) 教育方法の多様化と施設・設備

　これまでの教育は、同じようにつくられた学級教室を単位に、学級の全員に対して同一の進度で行われる一斉授業であった。しかし、最近は教育方法が多様化して、一人一人の児童生徒の興味・関心・特性に応じて、個別化、個性化した学習システムが進行している。このような学習システムでは、学年のクラスが合同して実施されるティーム・ティーチングの学習形態がとられたり、一人一人の学習進度や課題に応じて学習集団を編成し直したり、個別学習が行われるなどの多様な教育方法が実現している。このような教育方法の多様化に対応して、施設・設備も新しい学習の場の設定が必要となっている。そこで、多様な教育方法に応じた施設・設備について、学ぶ場と生活の場に分けて次節以下で述べることにする。

2　学ぶ場としての施設・設備

(1) 学級教室

　学校は児童生徒にとって学ぶ場である。その学ぶ場として、学級教室は最も重要な場であろう。そこでは、授業や学習活動が行われる。授業・学

習活動に対して、机に座っての一斉授業、グループ学習等の形態が基本であるが、そのため、教室の学習環境の構成要素としては、児童生徒の個人机、黒板、掲示板がある。他に、テレビやビデオなどの視聴覚設備は必要不可欠であり、これからはコンピュータをはじめ新たな情報通信機器の導入が課題となる。

　教室の大きさは学級人数に対応する数の机を、一斉形式で並べた大きさが基本となる。教室の前部に黒板があり、黒板と机の最前列との距離は2メートル程度の空きスペースがあり、そこには教卓と教壇が置かれる。小学校であれば、オルガンや教師コーナーも置かれる。教室の後部にはロッカーが設けられ、その前にスペースが必要となる。

　小学校低学年の教室では、教室のまわりでも学習が行われるので、総合教室の側面をもたせて、流しの設置やトイレなどを近接することが有効である。中・高学年になると、学習は特別教室で行う機会が増え、学級教室は普通教室の性格が強くなる。そのため、掲示やコーナーの設置により、学級としての雰囲気づくりができるような配慮が求められる。

　中学校では、教科担任制をとり、特別教室の利用が多くなり、学級教室は教科専用の教室としての性格が強くなる。したがって、小学校と異なり担任教師とのかかわり方は異なり、学級としての雰囲気づくりは低いといわざるを得ない。

　学級教室は、学習集団の弾力的な編成、多様な学習形態が研究されティーム・ティーチング等の教育方法が有効となるなかで、新しいタイプの学習スペースと一体化した多目的スペースの導入が進行しつつある。

　多目的スペースは、弾力的な学習集団編成、個別に学習を進めることを助ける教材の準備等に対応する学習スペースである。多目的スペースは新たに部屋を設けると考えなくとも、教室のあり方を見直して教室と連続して設けられた学習空間ととらえてよい。学級担任制をとる小学校では、学年のまとまりをもって教室と一体に多目的スペースを配置することによって円滑な運営が可能となる。これでティーム・ティーチングによる学習態勢が整えられる。教科担任制をとる中学校では、教科教室型の方式により教科の教室をまとめて配置して、それに多目的スペースを連続させることが有効である。それによって、多目的スペースは教科のメディアセンター

として利用できる。多目的スペースの導入によって多様な学習が展開できる。

　第一は、グループ学習、個人学習、大集団学習等が弾力的に行える。第二として、個別化・個性化学習の場として、個別の学習ニーズに応える図書、テープ、ビデオ、コンピュータ等の教材・教具をコーナーとして設定できる。第三に、ティーム・ティーチングが展開でき、教師の協力や協同の態勢ができる。第四に、生活科や総合学習の場として積極的に活用できる。その他として、各種の集会や作品の展示の場、さらに児童生徒の交流、休息、遊び等の場として、多目的スペースは学校の生活を豊かにする場として有効であろう。多目的スペースを設置する場合、音環境が問題としてあげられている。それは騒音の問題である。そのため、吸音性には十分に配慮することが必要不可欠となっている。

(2) 特別教室

　日々の教育活動は、国語、社会、算数・数学などの一般教科と理科、音楽、図工・美術、家庭（技術・家庭）などの実習教科がある。実習教科は時間割上、小・中学校の場合、3分の1以上の割合を占めるがゆえに、一般的にはこれらの実習教科のために、校舎の中に特別教室が設けられている。特別教室は、小学校を例にとると、理科、図工、家庭、音楽、それぞれ1室ずつというのが現状である。このような状況は学習集団の弾力的な編成、多様な学習形態の進行に合わせた多目的スペースの実現から見れば遅れており、特別教室の改革が望まれている。例えば、どの教科にも属さない多目的なワーク（実習）スペースを学年まわりに配置して、簡単な実験・実習を行う。音楽以外の特別教室を群として集め、クラスターとして形成し、大集団の実験・実習から個別実験まで、学習形態の多様化に対応する、などが検討されよう。

(3) 共通施設・設備

　共通学習空間としての共通施設・設備とは、視聴覚室、コンピュータ室、図書室、メディアセンター、学校園などをいう。学校園を除くこれらの共通学習空間は、クラスや学年ごとあるいは教科ごとに展開される多様な学習内容や学習方法、利用形態などを考慮しながら、教師や児童生徒が日常

的に気軽に利用しやすい位置に必要な機能、規模、形態の確保が基本となる。その際、これらは校内の中心となる位置に近接させてまとめて配置し、学年や全校用の学習（ラーニング）センターとして一体的に計画することが有効である。その場合には、各種設備、教材・教具を集約して多目的に利用できるように配慮する必要がある。一方、図書、視聴覚メディア、コンピュータ等を普通教室、多目的スペース、特別教室等の学習空間に分散して配置することも考えられる。このような場合は、共通学習空間との役割分担をはっきりさせて、相互の連携をとることが配慮される。

　①**視聴覚室**──今日では校内に各種の視聴覚機器・メディアが充足され、各教室の視聴覚化が図られるなかで、視聴覚室の機能や性格が変化しつつある。視聴覚室を設けないでオープンスペースの一角のコーナーとして計画する場合、視聴覚室を音楽室等と兼用して計画する場合、視聴覚室を独立させる場合などがある。独立させる場合には、内容は高機能・多機能が求められ、大画面の教材提示装置の設置や音響装置、暗転装置、換気・空調設備が必要である。

　②**コンピュータ室**──コンピュータ室の配置はクラスルームや多目的スペースまわり、特別教室やその準備室等に数台のコンピュータをそれぞれ分散配置する場合と専用のコンピュータ室にまとめて集中配置する場合が考えられる。分散配置では、コンピュータのグラフィック機能を活用した教材提示や児童生徒のグループ学習、コンピュータ支援による個別進度学習（CAI）、特別教室での実験計測・制御機器等での利用が考えられる。また、準備室や多目的スペースの教師コーナー等にコンピュータを設置する場合は、教材作成や教師の事務処理を支援する道具としての利用が考えられる。コンピュータ学習を一斉指導で行う場合は、コンピュータ室が必要である。そこでは、児童生徒各自が１台ずつコンピュータを利用できることが基本となる。中学校の情報基礎や高等学校の情報処理等の授業では一般的である。この場合は、コンピュータ室の教師卓のまわりには教材提示の設備を設置し、全ての生徒の席からよく見えること、教師が個別指導ができるように通路などゆとりある環境が重要である。

　③**図書室**──学校図書室は、学校図書館法に規定されているが、児童生徒の教育目的に供される資料を含む教材センターであると同時に読書セン

ターとして位置づけられている。しかし、学校図書室をとりまく状況は変化しつつある。学校図書室はグループ学習や個別学習の足場として拡充・発展させ、さまざまな学習形態に対応しうるよう、各種資料と学習コーナーを提供できるようになっていくことである。

④メディアセンター──メディアセンターは、多様な学習活動を支援する各種メディアが備わったオープンスペースないしコーナーである。メディアセンターは、新しい学校の計画として児童生徒が自らの興味・関心・能力に応じた個別的な学習を展開するための中心的施設とされている。メディアセンターの配置は、児童生徒が日常的に気軽に目に触れ立ち寄れる場所に置かれ、児童生徒のさまざまな学習要求に応じて各種の情報を提供できること、児童生徒の学習相談に個別に対応できることが求められる。

⑤学校園──学校園は、生活科の学習対象として注目されている。学校園は、動植物の観察・栽培・飼育などの実習体験を通して、身近な社会や自然とのかかわりに興味・関心をもたせ、これらについて理解する機会を提供する場として重要な空間である。学校園の位置は、児童生徒の生活領域からよく見え、日常的に世話しやすいところに計画することが基本である。

(4) 体育施設

体育施設は学校の種別、校地の広さ、地域性などによって違いがある。それぞれの学校の特性に応じた特色があるものといえる。体育施設は体育科の授業で行われる基本的な種目が実施できるような運動スペースが必要であり、体育施設には、屋外運動場、体育館、プールがある。中学校以上では柔道・剣道場も必要である。また、障害のある子どものいる学校ではプレイスペースを計画してもよい。

運動場は運動会が実施できる広さが望ましい。小学校では休み時間に運動場で遊ぶ割合が高いので、遊び空間の機能ももたせ、鉄棒、雲梯、砂場なども含めて考える必要がある。体育館は体育授業の他に、休み時間に自由に遊べる空間となるようにしたい。

3 生活の場としての施設・設備

(1) 生活の場としての環境づくり

　学校は本来学習活動を行う場であり、そこでは児童生徒は学習に集中しなければならない。そのために心理的・身体的な緊張が強いられる。しかも、児童生徒が1日の大半、1週間、1年間そして小学校は6年間、中・高ならば各3年間の発達期の大切な時期を過ごすところでもある。したがって授業や学習活動の合間に、児童生徒がくつろいで過ごし、緊張感をほぐしストレスを発散させることも必要であろう。学校では授業の他に休憩時間があり、トイレに行ったり、着替えをしたり、給食があったりする。学習以外の生活もそこで行われる。さらにまた、休憩時間では、遊んだりおしゃべりをしてリラックスしたりコミュニケーションが行われる。放課後も児童会活動、生徒会活動やクラブ活動など学習活動以外の活動も行われている。

　このように、かつては教える側が教えるための教育志向的施設の色彩から、今日では児童生徒の生活の場としての生活施設が重視されている。登校してからの始業時までの時間、休み時間や昼休み、放課後など児童生徒が自由に過ごせる時間に自らの意思やペースで行動できる場の設定、すなわち、生活の場としての環境づくりが必要となっている。

　生活の場としての環境づくりとしては、生活習慣のしつけへの対応、食事や休養への対応、遊びや交流への対応、各種クラブ活動への対応などが基本的テーマであろう。このような対応をとおして、児童生徒が登校してから下校するまでの学校生活において、主体的に生き生きとしたリズムで過ごすことのできる施設・設備が強く求められる。

(2) 生活の場としての学級教室

　学級教室を生活の面からみると、そこは児童生徒の身の回り、私物の整理のためのロッカーなどがあり、また学級備品の整理のために棚や掃除道具戸棚などがある。手洗い、水飲み、流しが設けられたり、小学校低学年ではトイレを付けることもあり得る。食事も学級教室でとることが通常で

ある。このように、学級教室は児童生徒の授業・学習の場とともに生活の場でもある。したがって、おしゃべりしたり、休息したり、遊んだりといった気分転換できる空間環境を整えることが大切であろう。

学級教室は学級の一体感をつくり、クラスの一人一人の心理的な安定感を得る場としての役割も果たしている。そのため、クラス独自の雰囲気づくりにも配慮が必要である。作品の掲示・展示、飼育・栽培、クラスの目標・連絡・時間割等の掲示板、学級文庫、賞状等を飾る場所などが工夫できる。

(3) 生活空間としてのホームベース

中学校や高等学校でも普通教室はホームルームとして使われている。そこは、生徒たちの交流や団欒（だんらん）の場とも食事の場ともなっている。しかし、最近は教科担任制をとる中学校以上では、教育方法の多様化に合わせて教室そのものが教科の教室の考え方に代わりつつある。したがって、国語、社会、数学、英語などの一般教科も全てそれぞれの専科の教室で授業が行われる。このような教室にはそれぞれの教科の学習に必要なメディアが揃えてあり、これまでのようなホームルームを兼ねることはできなくなる。そこで、それに代わるのがホームベースである。ホームベースは生徒たちの生活、交流、団欒、憩いの場である。生徒たちはここに集まってきてここから授業へと出かけて行く。持ち物を収納するロッカーもここにある。ホームベースはホームルームごとに設けられ、新しい学校のあり方として注目される。

(4) 交流の場としてのコミュニケーション空間

人間関係が希薄な現代社会のなかで、人間同士の交流の場としてのコミュニケーション空間を教室以外に積極的に取り組む学校が増えている。長い年月の学校生活において、クラスや学年の異なった児童生徒間の交流が一人一人の生活体験の幅を広げ、社会性を養うことになろう。それゆえに、児童生徒のコミュニケーションが日常的な活動や行動のなかで、自然に、積極的に展開されるような施設・設備の配慮が求められる。これは特別な場を設けるということではなく、教室まわりとか廊下のような身近なスペースのなかにベンチやテーブルを置くとか、またロビー、ラウンジ、ホール

といったスペースを設けることは特に有効であろう。ロビー、ラウンジ、ホールといったスペースは、児童生徒間だけでなく教師と児童生徒のコミュニケーションの機会を増やすのに有効である。

　交流の場としてのコミュニケーション空間は、校舎に限られることはない。校舎のまわりの屋外空間もまた大切なコミュニケーション空間である。屋内と異なり、開放感があり多くの人数で交流できるから遊びや運動を伴ったコミュニケーションの機会になる。木陰にベンチやテーブルを置いたりして、おしゃべりや待ち合わせのコーナーを設ける工夫もできる。その他、体育館も広い意味でのコミュニケーションの機会となっている。入学式、卒業式などの全校儀式、学芸会・文化祭、講演会、弁論大会、生徒総会といった行事や大集団の活動の場として体育館が利用されている。このため、音響設備、照明、冷暖房などの設備の充実が重要である。

(5) クラブ活動の施設・設備

　クラブ活動は授業を中心とした学習活動とは異なり、共通の趣味や特技をもとに学年や学級を超えて構成されるグループの活動である。クラブ活動のための施設・設備の設置については、小・中学校では専用の施設・設備は難しい。それに代わってホールや多目的スペース等を利用しての活動となろう。この場合、クラブの備品、持ち物の収納・保管の場所は確保できなければならない。また、更衣についてもプライバシーが守られるようなスペースが必要である。

【参考文献】
1　若井彌一（監修）『必携 教職六法 2015 年版』協同出版、2014
2　永岡順他（編）『学校施設・設備』（新学校教育全集 25）ぎょうせい、1995

第12章　教育とヴィジュアル・コミュニケーション

　子どもをめぐるコミュニケーション状況が、1960年代以降、急激に変化している。テレビにはじまり、ビデオ、テレビ・ゲーム、さらに20世紀末以降は、DVD、インターネット、携帯電話、スマートフォンなど、次々に新しいメディア——コミュニケーションの媒体——が登場・普及し、子どもたちが家庭や学校で接する情報は量的にも質的にも変わりつつある。それが量的に変化しているというのは、以前とは比べものにならないほど大量の均質的な情報が、広範囲に、かつ四六時中、まるでシャワーのように子どもたちに浴びせられているからである。また、質的に変化しているというのは、何よりもその情報に占めるヴィジュアルな要素の比重が著しく増加しているからである[1]。

　このようなコミュニケーション状況の急激な変化に対応するために、教育の分野では、「メディア・リテラシー」と呼ばれる能力——さしあたり「多様な形態のコミュニケーションにアクセスし、分析し、評価し、発信する能力」[2]——を育成するための方策が議論されてきた。メディア・リテラシーは、リテラリー・リテラシー——言葉の読み書き能力——と同じように、子どもたちが家庭や社会でさまざまなメディアと適切に付き合っていくために必要な能力であるだけでなく、教育がとりわけ言語的・視覚的コミュニケーションによって遂行されている以上、それは教育の可能性の根幹にかかわる基本的能力なのである。そこで本章では、まず第一に、メディア・リテラシーの定義を吟味した上で、それを教育課題として育成するための試みを概観する。そして第二に、テレビや映画やコンピュータといった新しいメディアを、より広範囲なヴィジュアル・カルチャーの一形態と位置

づけることによって、メディア・リテラシーの一般的特質——ヴィジュアルなものを利用して情報を解読・発信する能力としてのヴィジュアル・リテラシーの特性——について再考する。

1　教育課題としてのメディア・リテラシー

(1) メディア・リテラシーとは何か

　メディア・リテラシーとは何であるかについて、確固とした共通の理解があるわけではない。今のところ、社会や、時代や、研究者のイデオロギーに応じて、さまざまな色合いを帯びて語られているのが現状である。

　例えば、菅谷明子によれば、メディア・リテラシーとは、「メディアが形作る〈現実〉を批判的（クリティカル）に読み取るとともに、メディアを使って表現していく能力」と定義される[3]。この定義の特徴は、次の3点にある。すなわち、まず第一に、メディアとして念頭におかれているのが、テレビ、映画、新聞・雑誌、ラジオ、宣伝広告などのいわゆるマスメディアであること、そして第二に、メディア・リテラシーの力点は、このようなマスメディアが伝達する情報の虚偽、誇張、偏向、強制、暴力などから自らを防御するいわゆる「批判的視聴能力」にあること、そして第三に、メディアを使用して自らが情報を発信する能力を視野に入れていることである。菅谷が「ここで言うメディア・リテラシーとは機器の操作能力に限らず、メディアの特性や社会的な意味を理解し、メディアが送り出す情報を〈構成されたもの〉として建設的に〈批判〉するとともに、自らの考えなどをメディアを使って表現し、社会に向けて効果的にコミュニケーションをはかることでメディア社会と積極的に付き合うための総合的な能力を指す」というとき、そのことは明らかである。

　もちろん、このような定義が行われるには、それなりの歴史的な理由がある。というのも、欧米においてメディア研究が行われはじめたのは、第二次世界大戦以後、映画のもつプロパガンダとしての威力——国威発揚・戦意高揚のための道具としての映像——が意識されたことによるからである。その後、研究の対象は、テレビ・ラジオなどのマスメディアに、さらにインターネットなどの電子的メディアに拡張されたが、その基礎にあるのは、

メディアのもつ政治的・社会的・経済的な側面——メディアの功罪——を認識することであった。

(2) メディア・リテラシーを育成する方法論

そのような欧米における動向に対応して、わが国でも、戦後いち早く成城学園初等学校で特設授業「映画科」が開かれ、映像の鑑賞指導・技術指導・表現指導が行われた[4]。その後、1960年代にテレビが普及するに従って、研究対象はテレビへとシフトしたが、テレビに対する「批判的視聴能力」がそれほど強調されることなく、テレビをはじめとする多様なメディアを教育現場において積極的に活用する方法に焦点が合わせられたことが、欧米と異なる点である。

そのような状況にあって、吉田貞介を中心とする金沢大学グループの試みは次のような点において注目に値する[5]。第一に、メディア・リテラシー——吉田のいう「映像能力」——を構成する能力を抽出するために、リテラリー・リテラシー——情報伝達能力の点でメディア・リテラシーと親近関係にある能力——にかかわる小学校国語科の学習指導要領に依拠している点、第二に、その結果として、メディア・リテラシーを、3つの領域と6つの能力（後述）に分析している点、第三に、現代の高度情報化社会を見据えて、複数の情報の重ね効果をねらうマルチメディアやメディア・ミックスを視野に収めている点、第四に、メディア・リテラシーを構成する6つの能力の育成をはかるために、低・中・高学年の発達段階に応じて、54の具体的な目標が設定されている点、そして第五に、多種・多様・多量の学習情報を編集して、独創的な意味発見を自発的に行う子どもの育成を念頭においている点である。

吉田（1992）によれば、メディア・リテラシーを構成する3領域（下記のA、B、C）、6能力（①〜⑥）とは次のものである。なお、それぞれの能力の詳細と具体的な目標については、表12-1 〜 12-3を参照のこと[6]。

A.「受け手」〈わかる力〉：メディアの伝達する情報を構造的・感情的・直感的・評価的に理解する映像視聴能力
　①理解力——分析理解、感性的表出

表 12-1 「受け手」としての映像視聴能力

領域	能力項目	視点	低学年目標	中学年目標	高学年目標
わかる	理解力（確かに捉える・豊かに反応する）	分析理解	・場面をいくつか選ぶことができる ・番組をいくつかの場面に分けることができる	・場面のまとまりに小見出しをつけることができる ・場面のまとまりをつなげて、あら筋がいえる	・場面のまとまりを関係づけ、番組構成を明らかにできる ・場面のまとまりを再構成して制作者の意図がいえる
わかる	理解力	感性的表出	・場面や人物に対して喜怒哀楽の気持ちが表現できる	・一番心に残ったことや番組全体に対して、喜怒哀楽の気持ちが表現できる	・特定の視点から番組を見て、感じたことをまとめることができる
わかる	洞察力（直感的に見抜く・柔軟に感じる）	直感推理	・心に残った場面をいくつか取り出し、つなげて話すことができる	・象徴的場面を自分なりに関係づけて話すことができる ・象徴的場面をつなげて、制作者の意図がいえる	・異なる番組から取り出した象徴場面の関係が指摘できる ・象徴場面を関係づけて、新たな解釈ができる
わかる	洞察力	個性的判断	・おもしろかったところが、人によって異なることに気づく	・興味をもったところについて話し合い、人によって感じ方が違うことに気づく	・立場を変えて番組を視聴し、見方・感じ方の違いに気づく

表 12-2 「使い手」としての映像活用能力

領域	能力項目	視点	低学年目標	中学年目標	高学年目標
つかう	探索力（選んで視聴する・必要な情報を取り出す）	情報選択	・番組名から知りたいことがいえる ・番組をいくつかの種類に分けることができる	・番組名から内容が予測できる ・課題を持って番組を視聴できる	・課題を解決するのに適した番組を選択できる
つかう	探索力	発展的活動	・視聴後、初めて知ったことや不思議に思ったことがいえる	・もっと知りたいことについて関係のある情報を集めて、解釈できる	・もっと知りたいことについて多様なメディアから情報収集し、解釈できる
つかう	発信力（映像の特性をつかむ・組み合わせて利用する）	特性把握	・映像に自分なりのコメントをつけることができる	・映像に異なるコメントをつけて、多様に解釈できる	・映像に効果的なコメントをつけて、テーマを高めることができる
つかう	発信力	複合的伝達	・象徴場面に吹き出しを入れることができる ・番組情報に新たな情報をつけたすことができる	・象徴的場面を組み合わせて、1枚イラストに表現できる ・番組情報と調べたことを関係づけて映像表現できる	・異なる番組の象徴場面をいくつか組み合わせて、1枚イラストに表現できる ・多様なメディアから収集した情報を映像表現できる

表 12-3 「作り手」としての映像制作能力

領域	能力項目	視点	低学年目標	中学年目標	高学年目標
つくる	構成力	技法を活用する / 技法活用	・テレビに使われている技法に気づく ・クローズアップ表現を取り入れてイラスト表現できる	・テレビに使われている技法をまねてやってみる ・クローズアップ表現を効果的に活用する	・自分たちで考えた効果的な技法を活用する ・ズームやフェードを効果的に活用する
つくる	構成力	効果的に組み立てる / 効果的立案	・大切な情報をイラスト化して順序だてることができる	・大切な情報をイラストして、つなげて大筋を明らかにすることができる	・モンタージュの技法を生かして、意外性のある構成を工夫する
つくる	創作力	正しくつかむ / 現状認識	・見たり、聞いたりしたことをカードに分けてメモできる ・見たり、聞いたりしたことに対して感想がいえる	・異なるメディアから情報収集できる ・カードに書き留めた情報を再構成できる	・多様なメディアから情報収集できる ・情報カードを構造化して、テーマがもてる
つくる	創作力	象徴場面を創作 / 象徴的表現	・心に残った場面をイラスト表現できる	・イメージマップをもとに、1枚イラストが描ける ・何枚かの写生イラストをもとに1枚イラストが描ける	・ツリーマップをもとに、1枚イラストが描ける ・情報関連図をもとに、1枚イラストが描ける

②洞察力——直感推理、個性的判断

B.「使い手」〈つかう力〉：メディアの伝達する情報を主体的に収集・選択・解釈・編集し、さらに異なるメディアを利用して発信する映像活用能力

③探索力——情報選択、発展的活動

④発信力——特性把握、複合的伝達

C.「作り手」〈つくる力〉：メディアに固有な技法に習熟し、鋭い現状認識に基づいて新しい情報を効果的に発信する映像制作能力

⑤構成力——技法活用、効果的立案

⑥創作力——現状認識、象徴的表現

(3) メディア・リテラシーの問題点

このようなメディア・リテラシーの詳細な分析に基づく、精緻なカリキュラムには、全く問題がないわけではない。まず第一に、このカリキュラムを既存の学校教育の枠組みとどのように折り合いをつけるかという問題が

ある。吉田（1996）によれば、二つの選択肢があるという。一つは、「それぞれの教科教育なかで映像教育のねらいも付加して学習を進める方法」であり、もう一つは、「教科の学習以外に特設時間を設けて体系的に実施していく方法」である。これについては、菅谷（2000）もいうように、2002年からスタートした「総合的な学習の時間」——教科の枠を越え、創意工夫を活かした授業により、自ら学び考える力の育成を目的とする学習——の時間に取り入れることが最も適切であると考える[7]。なぜならば、メディア・リテラシーの育成にとって最も重要なことは、メディアを用いて実際に情報を解読・発信することそれ自体ではなく、メディアの特性を理解するメタの立場——国語にとっての文法学習のようなもの——だからである。

　もう一つの問題は、ここでいわれる「映像」の概念の狭さにある。ここで念頭におかれているメディアは、すでに述べたように、主としてテレビ、動画、インターネットなど、電子的なものである。しかし、そのカリキュラムのなかで重要な位置を占める「イラスト」や「写真」などもそうであるように、ヴィジュアルなメディアは多様な広がりをもっている。そこで、特に映像活用能力の育成にとっては、多様で異質なヴィジュアル・メディア相互間の中継（リレー）という発想が、是非とも必要であると考える。

　テレビ・映画といった動画メディアから、写真・イラストといった静止画メディアへ、あるいはマスメディアから、絵画・デッサンといった、どちらかといえばパーソナルなメディアへ、というメディア相互の引用・参照関係を——逆方向を含めて——視野に入れない限り、現代的なコミュニケーション状況に対応するメディア・リテラシーの育成は不可能であろう。そのためには、テレビや映画といったメディアを、ヴィジュアル・カルチャーの一形態として広範な視野からとらえる必要があるだろう。

2　文化の伝達可能性

（1）ヴィジュアル・カルチャー

　「ヴィジュアル・カルチャー」とは、ジョン・ウオーカー（Walker, John A., 1938- ）とサラ・チャップリン（Chaplin, Sarah）によれば、次のように定義される[8]。すなわち、「人間の労働と想像力によって生産された物理的な制作

物（アーティファクト）、建造物、図像（イメージ）、そして時間的なメディアやパフォーマンスのうち、美的、象徴的、儀式的、イデオロギー的、政治的な目的をもち、かつ／あるいは実用的機能を果たし、ある程度視覚に訴えるもののことである」と。ヴィジュアル・カルチャーをこのように定義するなら、それは、具体的には、次のような4つの領域を包括することになる。

第Ⅰ群：美術（絵画、彫刻、版画、素描、建築）
第Ⅱ群：工芸／デザイン（工業デザイン、グラフィック・デザイン、製品デザイン、靴、陶磁器、衣裳とファッション、ヘアスタイル、身体装飾）
第Ⅲ群：パフォーマンス・アート／スペクタクル（演劇、ダンス・バレエ、サーカス、テーマ・パーク、ビデオ・ゲーム、花火、イルミネーション、スポーツ・イベント）
第Ⅳ群：マス・メディア／電子メディア（テレビ、ビデオ、写真、映画、アニメーション、広告宣伝、挿絵本、マンガ、新聞、マルチメディア、インターネット、ヴァーチャル・リアリティ）

このように考えると、テレビ、映画、インターネットといった新しいメディア（第Ⅳ群）について考察することは、美術をはじめとするより広い範囲を覆う文化の伝達可能性――生産と消費の可能性――を問うことに等しいことがわかる。つまりメディア・リテラシーは、このようなヴィジュアル・カルチャーの伝達、あるいは世代間の伝承に関わる能力としてのヴィジュアル・リテラシーの一部なのである。

(2) ヴィジュアル・リテラシー
ここでは、ジョン・ウオーカーとサラ・チャップリンに依拠しながら、メディア・リテラシーを部分として包摂するヴィジュアル・リテラシーの特質を、リテラリー・リテラシーとの対比において簡単にまとめておくことにする。
①学習性
ヴィジュアル・リテラシーは、リテラリー・リテラシーと同じように、生まれつきの能力ではない。それは、何か、子どもたちが何年もかかって両

親や教師から、そしてメディアそのものから教わらなければならないものである。

②言葉の優位への疑問

ヴィジュアル・リテラシーは、リテラリー・リテラシーほど重視されてこなかった。それは、例えば、テレビを見ることが、子どもたちの言葉のリテラシーを減退させるという理由で、日常的に非難されていることにもうかがわれる。このような非難の背後には、テレビが書物よりもメディアとして劣ったものであり、画像を「読む」という能力が言葉を読む能力よりも価値が低いという認識があったわけである。

③能動性

ヴィジュアル・リテラシーは、リテラリー・リテラシーと異なって、受動的であると考えられることが多かった。しかし、例えば、テレビや映画の画像［複数のイメージの連鎖（シークエンス）］には、切れ目、時間の圧縮、場面や視点の移動、複数の物語の同時進行などが含まれており、それらの意味を理解するためには、視聴者の側で精神的な働きを能動的に行う必要がある。

④想像性

ヴィジュアル・リテラシーは、リテラリー・リテラシーと異なって、想像力にかかわることが少ないと考えられることが多かった。例えば、書物の場合は、読者が言葉をイメージで肉付けしなければならないので、読者の想像力が刺激されるといわれていた。しかし、よいテレビ番組が与えてくれるイメージの方が、貧弱な想像力しかもたない読者が書物に抱くイメージよりも優れていることは十分にありうる。

⑤経験性

子どもたちは、成長の過程で、マス・メディアによって提供される膨大な量の静止画・動画イメージにさらされている。大多数の子どもたちはこれらのイメージからすぐに意味を引き出すのだから、彼らは、見ることを手段として、ある程度のヴィジュアル・リテラシーを身につけているにちがいない。子どもたちはイメージを見ることを学ぶよりも先に——あるいは並行して——世界を見ることを学ぶのだから、彼らがイメージを解釈する能力は、生の現実を視覚的に知覚することから自然に身に付いた技術に基づいている。

⑥イコン性

　イメージは三次元的ではなくて二次元的である。したがって、現実の知覚に比べると、提供する情報量の点では減少しているが、現実の表象＝再現としては、言葉ほど恣意的ではない。なぜなら、言葉は、意味するもの（シニフィアン）と意味されるもの（シニフィエ）の間に必然的な理由はないが、具象的なイメージはイコン的、すなわち、それが指示する対象にある程度似ているからである。したがって、イメージを見て理解する能力は、読み書きの場合ほどには教育も学習も必要ではないともいえる。

　ポール・メッサリス（Messaris, P.）によれば、ヴィジュアル・リテラシーについては、次のような４つの見解が広く支持されているという[9]。
　①ヴィジュアル・リテラシーは、一般に、ヴィジュアルなメディアを理解するための必要条件であると考えられている。しかし、逆説的ではあるが、ヴィジュアル・リテラシーは、視覚的なメディアに晒される状態が蓄積することによって獲得されるのが普通である。
　②ヴィジュアル・リテラシーを向上させることによって、子どもの一般的な認知能力が高められ、子どもたちが他の知的な課題を解決する助けとなる。
　③ヴィジュアル・リテラシーを向上させれば、視覚的なメディアによる精神的・情動的な操作のメカニズムに関する子どもたちの理解が深まるだろう。それによって、子どもたちは、政治的プロパガンダや商業的宣伝の口車に対して、いっそう批判的にかかわることができるだろう。
　④ヴィジュアル・リテラシーを向上させれば、美的な観賞が深まる。ある視覚的な効果がどのようにして達成されるかについて知ることによって、視覚的効果が謎でなくなるとしても、そのような知識は、そこに含まれている芸術的な技法を評価したいと思うならば、不可欠なことは明らかである。

　このように見てくると、テレビ、映画、インターネットなどを運用する能力としてのメディア・リテラシーを真に豊かなものとするためには、いわゆる「美術」（第Ⅰ群）、「工芸／デザイン」（第Ⅱ群）、そして「パフォーマンス・アート／スペクタクル」（第Ⅲ群）までも視野に入れた、総合的なカ

リキュラムが必要であることがわかる。なかでも、この能力を向上させるにあたって、従来、美術やデザインや身体活動にかかわってきた教師たちの果たすべき役割は小さなものではないと考える。

[注]
(1) 岸優子「家庭教育の課題」鰺坂二夫(監修)『教育原理』保育出版社、1999
(2) アスペン研究所「メディア・リテラシー全米指導者会議」(1992) 菅谷明子『メディア・リテラシー――世界の現場から』10頁、(岩波新書) 岩波書店、2000
(3) 菅谷明子『メディア・リテラシー――世界の現場から』(岩波新書)岩波書店、2000
(4) 川上春男『映像教育論』法政大学出版局、1968
(5) 吉田貞介 (編著)『映像時代の教育』日本放送教育協会、1985、
吉田貞介 (編著)『映像を生かした環境教育』日本放送教育協会、1992
(なお、後者はマルチメディア状況を考慮して、前者に改訂を施したものである)
(6) 吉田貞介「映像能力育成の方法論」水越敏行・佐伯胖(編著)『変わるメディアと教育のありかた』(高度情報化社会における人間のくらしと学びⅡ)
ミネルヴァ書房、1996
(7) 白鳥元雄・高桑康雄(編著)『新訂・メディアと教育』放送大学教育振興会、1999
(8) John A. Walker & Sarah Chaplin, *Visual Culture; An Introduction*, Manchester University Press, 1997.
(9) P.Messaris, *Visual 'Literacy': Image, Mind, And Reality*, Bouder,CO,Westview Pres, 1994.

【参考文献】
1 井上宏『現代メディアとコミュニケーション』世界思想社、1998
2 R.E.ワイルマン／井上智義・北神慎司・藤田哲也『ビジュアル・コミュニケーション』北大路書房、2002

［執筆者紹介］

＜編者＞

谷田貝公昭（目白大学名誉教授）——— 第8章（第1、2節）

林　　邦雄（元目白大学教授）——— 第11章

成田　國英（元日本体育大学教授）——— 第10章

＊

西川ひろ子（安田女子大学准教授）——— 第1章

大川　洋（国際基督教大学上級准教授）——— 第2章

大庭茂美（九州女子短期大学教授）——— 第3章

村越　晃（元目白大学教授）——— 第4章

大沢　裕（松蔭大学教授）——— 第5章

大西慶一（大阪女子短期大学教授）——— 第6章

町田喜義（前獨協大学教授）——— 第7章

髙橋弥生（目白大学教授）——— 第8章（第3、4節）

今泉　利（前静岡県立大学短期大学部講師）——— 第9章

岸　優子（華頂短期大学教授）——— 第12章

教職課程シリーズ 6
教育方法論 改訂版

2004年10月20日　初　版　第1刷　発行
2019年 3月30日　改訂版　第3刷　発行

編著者　谷田貝 公昭・林 邦雄・成田 國英
発行者　菊池 公男

発行所　株式会社 一藝社
〒160-0014　東京都新宿区内藤町1-6
Tel. 03-5312-8890　Fax. 03-5312-8895
E-mail : info@ichigeisha.co.jp
HP : http://www.ichigeisha.co.jp
振替　東京 00180-5-350802
印刷・製本　亜細亜印刷株式会社

©Masaaki Yatagai 2015 Printed in Japan
ISBN 978-4-86359-098-4 C3037
乱丁・落丁本はお取り替えいたします

一藝社の本

教科教育学シリーズ［全10巻］
橋本美保・田中智志◆監修

《最新の成果・知見が盛り込まれた、待望の「教科教育」シリーズ！》

※各巻平均210頁

01 国語科教育
千田洋幸・中村和弘◆編著
A5判　並製　定価（本体2,200円＋税）　ISBN 978-4-86359-079-3

02 社会科教育
大澤克美◆編著
A5判　並製　定価（本体2,200円＋税）　ISBN 978-4-86359-080-9

03 算数・数学科教育
藤井斉亮◆編著
A5判　並製　定価（本体2,200円＋税）　ISBN 978-4-86359-081-6

04 理科教育
三石初雄◆編著
A5判　並製　定価（本体2,200円＋税）　ISBN 978-4-86359-082-3

05 音楽科教育
加藤富美子◆編著
A5判　並製　定価（本体2,200円＋税）　ISBN 978-4-86359-083-0

06 体育科教育
松田恵示・鈴木秀人◆編著
A5判　並製　定価（本体2,200円＋税）　ISBN 978-4-86359-084-7

07 家庭科教育
大竹美登利◆編著
A5判　並製　定価（本体2,200円＋税）　ISBN 978-4-86359-085-4

08 図工・美術科教育
増田金吾◆編著
A5判　並製　定価（本体2,200円＋税）　ISBN 978-4-86359-086-1

09 英語科教育
馬場哲生◆編著
A5判　並製　定価（本体2,200円＋税）　ISBN 978-4-86359-087-8

10 技術科教育
坂口謙一◆編著
A5判　並製　定価（本体2,200円＋税）　ISBN 978-4-86359-088-5

一藝社の本

新・教職課程シリーズ［全10巻］

田中智志・橋本美保◆監修

《一流執筆陣による新カリキュラムに対応した新シリーズ、ついに刊行！》

※各巻平均216頁

教職概論
高橋 勝◆編著
A5判　並製　定価（本体2,200円＋税）　ISBN 978-4-86359-065-6

教育の理念・歴史
田中智志・橋本美保◆編著
A5判　並製　定価（本体2,200円＋税）　ISBN 978-4-86359-057-1

教育の経営・制度
浜田博文◆編著
A5判　並製　定価（本体2,200円＋税）　ISBN 978-4-86359-067-0

教育心理学
遠藤 司◆編著
A5判　並製　定価（本体2,200円＋税）　ISBN 978-4-86359-060-1

教育課程論
山内紀幸◆編著
A5判　並製　定価（本体2,200円＋税）　ISBN 978-4-86359-058-8

道徳教育論
松下良平◆編著
A5判　並製　定価（本体2,200円＋税）　ISBN 978-4-86359-066-3

特別活動論
犬塚文雄◆編著
A5判　並製　定価（本体2,200円＋税）　ISBN 978-4-86359-056-4

教育方法論
広石英記◆編著
A5判　並製　定価（本体2,200円＋税）　ISBN 978-4-86359-064-9

生徒指導・進路指導
林 尚示◆編著
A5判　並製　定価（本体2,200円＋税）　ISBN 978-4-86359-059-5

教育相談
羽田紘一◆編著
A5判　並製　定価（本体2,200円＋税）　ISBN 978-4-86359-068-7